Hermann von Helmholtz

Die Tatsachen in der Wahrnehmung

Eine Rede

Hermann von Helmholtz

Die Tatsachen in der Wahrnehmung
Eine Rede

ISBN/EAN: 9783743484566

Hergestellt in Europa, USA, Kanada, Australien, Japan

Cover: Foto ©ninafisch / pixelio.de

Manufactured and distributed by brebook publishing software
(www.brebook.com)

Hermann von Helmholtz

Die Tatsachen in der Wahrnehmung

Die Tatsachen in der Wahrnehmung.

Rede

gehalten zur Stiftungsfeier der Friedrich-Wilhelms-Universität
zu Berlin am 3. August 1878,

überarbeitet und mit Zusätzen versehen

von

Dr. H. Helmholtz.

Berlin, 1879.
Verlag von August Hirschwald.
N.W. Unter den Linden 68.

Hochgeehrte Versammlung!

Wir feiern heut das Stiftungsfest unserer Universität an dem Jahrestage der Geburt ihres Stifters, des vielgeprüften Königs Friedrich Wilhelm III. Das Jahr dieser Stiftung 1810 fiel in die Zeit der grössten äusseren Bedrängniss unseres Staates; ein erheblicher Theil des Gebiets war verloren, das Land durch den vorausgegangenen Krieg und die feindliche Besetzung tief erschöpft; der kriegerische Stolz, der ihm aus den Zeiten des grossen Kurfürsten und des grossen Königs geblieben, war tief gedemüthigt. Und doch erscheint uns jetzt, wenn wir rückwärts blicken, dieselbe Zeit so reich an Gütern geistiger Art, an Begeisterung, Energie, idealen Hoffnungen und schöpferischen Gedanken, dass wir trotz der verhältnissmässig glänzenden äusseren Lage, in der Staat und Nation sich befinden, fast mit Neid auf jene Periode zurücksehen möchten. Dass der König in der bedrängten Lage vor anderen materiellen Anforderungen zunächst an die Gründung der Universität dachte, dass er dann Thron und Leben auf das Spiel setzte, um sich der entschlossenen Begeisterung der Nation im Kampfe gegen den Ueberwinder anzuvertrauen, zeigt, wie tief auch bei ihm, dem schlichten, lebhaften Gefühlsäusserungen abgeneigten Manne, das Vertrauen auf die geistigen Kräfte seines Volkes wirkte.

Eine stattliche Reihe ruhmwürdiger Namen hatte Deutschland damals in der Kunst, wie in der Wissenschaft aufzuweisen, Namen, deren Träger in der Geschichte menschlicher

Geistesbildung zum Theil mit den Ersten aller Zeiten und Völker zu zählen sind.

Es lebte Göthe und lebte Beethoven; Schiller, Kant, Herder und Haydn hatten noch die ersten Jahre des Jahrhunderts erlebt. Wilhelm von Humboldt entwarf die neue Wissenschaft der vergleichenden Sprachkunde, Niebuhr, Fr. Aug. Wolf, Savigny lehrten alte Geschichte, Poesie und Recht mit lebendigem Verständniss durchdringen, Schleiermacher suchte den geistigen Inhalt der Religion tiefsinnig zu erfassen und Joh. Gottlieb Fichte, der zweite Rector unserer Universität, der gewaltige unerschrockene Redner, riss seine Zuhörerschaft fort durch den Strom seiner sittlichen Begeisterung und den kühnen Gedankenflug seines Idealismus.

Selbst die Abirrungen dieser Sinnesweise, die sich in den leicht erkennbaren Schwächen der Romantik aussprechen, haben etwas Anziehendes dem trocken rechnenden Egoismus gegenüber. Man bewunderte sich selbst in den schönen Gefühlen, in denen man zu schwelgen wusste; man suchte die Kunst, solche Gefühle zu haben, auszubilden; man glaubte die Phantasie um so mehr als schöpferische Kraft bewundern zu dürfen, je mehr sie sich von den Regeln des Verstandes losgemacht hatte. Darin steckte viel Eitelkeit, aber immerhin war es Eitelkeit, die für hohe Ideale schwärmte.

Die Aelteren unter uns haben noch die Männer jener Periode gekannt, die einst als die ersten Freiwilligen in das Heer traten, stets bereit sich in die Erörterung metaphysischer Probleme zu versenken, wohlbelesen in den Werken der grossen Dichter Deutschlands, noch glühend von Zorn, wenn vom ersten Napoleon, von Begeisterung und Stolz, wenn von den Thaten des Befreiungskrieges die Rede war.

Wie ist es anders geworden! Das mögen wir wohl erstaunt ausrufen in einer Zeit, wo sich die cynische Verachtung aller idealen Güter des Menschengeschlechts auf den Strassen und in der Presse breit macht, und in zwei scheusslichen Verbrechen gegipfelt hat, welche das Haupt unseres Kaisers offenbar nur deshalb zu ihrem Ziele wählten, weil in ihm sich Alles vereinigte, was die Menschheit bisher als würdig der Verehrung und der Dankbarkeit betrachtet hat.

Fast mit Mühe müssen wir uns daran erinnern, dass erst acht Jahre verflossen sind seit der grossen Stunde, wo alle Stände unseres Volkes auf den Ruf desselben Monarchen ohne Zaudern, voll opferfreudiger und begeisterter Vaterlandsliebe in einen gefährlichen Krieg zogen gegen einen Gegner, dessen Macht und Tapferkeit uns nicht unbekannt war. Fast mit Mühe müssen wir des breiten Spielraums gedenken, den die politischen und humanen Bestrebungen, auch den ärmeren Ständen unseres Volkes ein sorgenfreieres und menschenwürdigeres Dasein zu bereiten, in der Thätigkeit und den Gedanken der gebildeten Klassen eingenommen haben, daran denken, wie sehr ihr Loos in materieller und rechtlicher Beziehung wirklich gebessert ist.

Es scheint die Art der Menschheit einmal zu sein, dass neben viel Licht immer viel Schatten zu finden ist; und politische Freiheit giebt zunächst den gemeinen Motiven mehr Schrankenlosigkeit sich zu zeigen und sich gegenseitig Muth zu machen, so lange ihnen nicht eine zu energischem Widerspruch gerüstete öffentliche Meinung gegenübersteht. Auch in den Jahren vor dem Befreiungskriege, als Fichte seinem Zeitalter Busspredigten hielt, fehlten diese Elemente nicht. Er schildert Zustände und Gesinnungen als herrschend, die an die schlimmsten unserer Zeit erinnern. „Das gegenwärtige Zeitalter stellt in seinem Grundprincip sich hin hochmüthig herabschend auf diejenigen, die durch einen Traum von Tugend sich Genüsse entwinden lassen, und seiner sich freuend, dass es über solche Dinge hinweg sei, und in dieser Weise sich nichts aufbinden lasse." *) Die einzige Freude, die über das rein Sinnliche hinausgehe, welche den Repräsentanten des Zeitalters bekannt sei, nennt er „das Laben an der eignen Pfiffigkeit." Und doch bereitete sich in dieser selben Zeit ein mächtiger Aufschwung vor, der zu den ruhmreichsten Ereignissen unserer Geschichte gehört.

Wenn wir also unsere Zeit auch nicht für hoffnungslos verloren zu halten brauchen, so dürfen wir uns doch nicht allzu leichtfertig mit dem Troste beruhigen, dass es in andern Zeiten eben nicht besser war als jetzt. Immerhin ist es rathsam, dass bei so bedenklichen Vorgängen ein Jeder in dem Kreise, in dem er zu arbeiten hat und den er kennt, Umschau halte, wie es mit der Arbeit für die ewigen Ziele der Menschheit bestellt ist, ob sie im Auge gehalten werden, ob man sich ihnen genähert habe. Im Jugendzeitalter unserer Universität war auch die Wissenschaft jugendlich kühn und hoffnungskräftig, ihr Auge war vorzugsweise den höchsten Zielen zugewendet. Wenn diese nun auch nicht so leicht zu erreichen waren, wie jene Generation hoffte, wenn sich auch zeigte, dass weitläufige Einzelarbeit den Weg dahin vorbereiten musste, und somit durch die Natur der Aufgaben selbst zunächst eine andere weniger enthusiastische, weniger unmittelbar den idealen Zielen zugewendete Art der Arbeit gefordert wurde, so wäre es doch zweifellos ein Verderben, wenn unsere Generation über den untergeordneten und praktisch nützlichen Aufgaben die ewigen Ideale der Menschheit aus dem Auge verloren haben sollte.

Das Grundproblem, welches jene Zeit an den Anfang aller Wissenschaft stellte, war das der Erkenntnisstheorie:

---
*) Fichte's Werke VII. S. 40.

„Was ist Wahrheit in unserem Anschauen und Denken? in welchem Sinne entsprechen unsere Vorstellungen der Wirklichkeit?" Auf dieses Problem stossen Philosophie und Naturwissenschaft von zwei entgegengesetzten Seiten; es ist eine gemeinsame Aufgabe beider. Die erstere, welche die geistige Seite betrachtet, sucht aus unserem Wissen und Vorstellen auszuscheiden, was aus den Einwirkungen der Körperwelt herrührt, um rein hinzustellen, was der eigenen Thätigkeit des Geistes angehört. Die Naturwissenschaft im Gegentheil sucht abzuscheiden, was Definition, Bezeichnung, Vorstellungsform, Hypothese ist, um rein übrig zu behalten, was der Welt der Wirklichkeit angehört, deren Gesetze sie sucht. Beide suchen dieselbe Scheidung zu vollziehen, wenn auch jede für einen andern Theil des Geschiedenen interessirt ist. In der Theorie der Sinneswahrnehmungen und in den Untersuchungen über die Grundprincipien der Geometrie, Mechanik, Physik kann auch der Naturforscher diesen Fragen nicht aus dem Wege gehen. Da meine eigenen Arbeiten vielfach in beide Gebiete eingetreten sind, so will ich versuchen Ihnen einen Ueberblick von dem zu geben, was von Seiten der Naturforschung in dieser Richtung gethan ist. Natürlich sind schliesslich die Gesetze des Denkens bei den naturforschenden Menschen keine anderen als bei den philosophirenden. In allen Fällen, wo die Thatsachen der täglichen Erfahrung, deren Fülle doch schon sehr gross ist, hinreichten um einem scharfsinnigen Denker von unbefangenem Wahrheitsgefühl einigermassen genügendes Material für ein richtiges Urtheil zu geben, muss der Naturforscher sich damit begnügen anzuerkennen, dass die methodisch vollendete Sammlung der Erfahrungsthatsachen das früher gewonnene Resultat einfach bestätigt. Aber es kommen auch gegentheilige Fälle vor. Dies als Entschuldigung dafür, — wenn es entschuldigt werden muss, — dass im Folgenden nicht überall neue, sondern grossentheils längst gegebene Antworten auf die betreffenden Fragen wieder gegeben werden. Oft genug gewinnt ja auch ein alter Begriff, an neuen Thatsachen gemessen, eine lebhaftere Beleuchtung und ein neues Ansehn.

Kurz vor dem Beginn des neuen Jahrhunderts hatte Kant die Lehre von den vor aller Erfahrung gegebenen, oder wie er sie deshalb nannte, „transcendentalen" Formen des Anschauens und Denkens ausgebildet, in welche aller Inhalt unseres Vorstellens nothwendig aufgenommen werden muss, wenn er zur Vorstellung werden soll. Für die Qualitäten der Empfindung hatte schon Locke den Antheil geltend gemacht, den unsere körperliche und geistige Organisation an der Art hat, wie die Dinge uns erscheinen. In dieser Richtung nun haben die Untersuchungen über die Physiologie der Sinne, welche namentlich Johannes Müller vervollständigte, kritisch sichtete und dann in das Gesetz von den specifischen Energien der Sinnesneren zusammenfasste, die vollste Bestätigung, man kann fast sagen in einem unerwarteten Grade, gebracht und dadurch zugleich das Wesen und die Bedeutung einer solchen von vorn herein gegebenen, subjectiven Form des Empfindens in sehr entscheidender und greifbarer Weise dargelegt und anschaulich gemacht. Dieses Thema ist schon oft besprochen worden; ich kann mich deshalb heut darüber kurz fassen.

Zwischen den Sinnesempfindungen verschiedener Art kommen zwei verschiedene Grade des Unterschieds vor. Der am tiefsten eingreifende ist der Unterschied zwischen Empfindungen, die verschiedenen Sinnen angehören, wie zwischen blau, süss, warm, hochtönend; ich habe mir erlaubt diesen als Unterschied in der Modalität der Empfindung zu bezeichnen. Er ist so eingreifend, dass er jeden Uebergang vom einen zum andern, jedes Verhältniss grösserer oder geringerer Aehnlichkeit ausschliesst. Ob z. B. Süss dem Blau oder Roth ähnlicher sei, kann man gar nicht fragen. Die zweite Art des Unterschieds dagegen, die minder eingreifende, ist die zwischen verschiedenen Empfindungen desselben Sinnes; ich beschränke auf ihn die Bezeichnung eines Unterschiedes der Qualität. J. G. Fichte fasst diese Qualitäten je eines Sinnes zusammen als Qualitätenkreis, und bezeichnet, was ich eben Unterschied der Modalität nannte, als **Unterschied der Qualitätenkreise.** Innerhalb jedes solchen Kreises ist Uebergang und Vergleichung möglich. Von Blau können wir durch Violett und Carminroth in Scharlachroth übergehen, und z. B. aussagen, dass Gelb dem Orangeroth ähnlicher sei als dem Blau. Die physiologischen Untersuchungen lehren nun, dass jener tief eingreifende Unterschied ganz und gar nicht abhängt von der Art des äusseren Eindrucks, durch den die Empfindung erregt ist, sondern ganz allein und ausschliesslich bestimmt wird durch den Sinnesnerven, der von dem Eindrucke getroffen worden ist. Erregung des Sehnerven erzeugt nur Lichtempfindungen, ob er nun von objectivem Licht, d. h. von Aetherschwingungen, getroffen werde oder von electrischen Strömen, die man durch das Auge leitet, oder von Druck auf den Augapfel, oder von Zerrung des Nervenstammes bei schneller Bewegung des Blicks. Die Empfindung, die bei den letzteren Einwirkungen entsteht, ist der des objectiven Lichts so ähnlich, dass man lange Zeit an eine wirkliche Lichtentwicklung im Auge geglaubt hat. J. Müller zeigte, dass eine solche durchaus nicht stattfinde, dass eben nur die Empfindung des Lichts da sei, weil der Sehnerv erregt werde.

Wie nun einerseits jeder Sinnesnerv, durch die mannigfachsten Einwirkungen erregt, immer nur Empfindungen aus dem ihm eigenthümlichen Qualitätenkreise giebt: so erzeugen andrerseits dieselben äusseren Einwirkungen, wenn sie verschiedene Sinnesnerven treffen, die verschiedenartigsten Empfindungen, diese immer entnommen aus dem Qualitätenkreise des betreffenden Nerven. Dieselben Aetherschwingungen, welche das Auge als Licht fühlt, fühlt die Haut als Wärme. Dieselben Luftschwingungen, welche die Haut als Schwirren fühlt, fühlt das Ohr als Ton. Hier ist wiederum die Verschiedenartigkeit des Eindrucks so gross, dass die Physiker sich bei der Vorstellung, Agentien, die so verschieden erschienen wie Licht und strahlende Wärme, seien gleichartig und zum Theil identisch, erst beruhigten, nachdem durch mühsame Experimentaluntersuchungen nach allen Richtungen hin die vollständige Gleichartigkeit ihres physikalischen Verhaltens festgestellt war.

Aber auch innerhalb des Qualitätenkreises jedes einzelnen Sinnes, wo die Art des einwirkenden Objects die Qualität der erzeugten Empfindung wenigstens mitbestimmt, kommen noch die unerwartetsten Incongruenzen vor. Lehrreich ist in dieser Beziehung die Vergleichung von Auge und Ohr, da die Objecte beider, Licht und Schall, schwingende Bewegungen sind, die je nach der Schnelligkeit ihrer Schwingungen verschiedene Empfindungen erregen, im Auge verschiedener Farben, im Ohr verschiedener Tonhöhen. Wenn wir uns zur grösseren Uebersichtlichkeit erlauben die Schwingungsverhältnisse des Lichts mit den Namen der durch entsprechende Tonschwingungen gebildeten musikalischen Intervalle zu bezeichnen, so ergiebt sich Folgendes: Das Ohr empfindet etwa 10 Octaven verschiedener Töne, das Auge nur eine Sexte, obgleich die jenseits dieser Grenzen liegenden Schwingungen beim Schall wie beim Lichte vorkommen und physikalisch nachgewiesen werden können. Das Auge hat nur drei von einander verschiedene Grundempfindungen in seiner kurzen

Scala, aus denen sich alle seine Qualitäten durch Addition zusammensetzen, nämlich Roth, Grün, Blauviolett. Diese mischen sich in der Empfindung ohne sich zu stören. Das Ohr dagegen unterscheidet eine ungeheuere Zahl von Tönen verschiedener Höhe. Kein Accord klingt gleich einem andern Accorde, der aus andern Tönen zusammengesetzt ist, während doch beim Auge gerade das Analoge der Fall ist; denn gleich aussehendes Weiss kann hervorgebracht werden durch Roth und Grünblau des Spectrum, durch Gelb und Ultramarinblau, durch Grüngelb und Violett, durch Grün, Roth und Violett, oder durch je zwei, drei oder alle diese Mischungen zusammen. Wären im Ohre die Verhältnisse die gleichen, so wäre gleichtönend der Zusammenklang C und F mit D und G, mit E und A, oder mit C, D, E, F, G, A u. s. w. Und, was in Bezug auf die objective Bedeutung der Farbe bemerkenswerth ist: ausser der Wirkung auf das Auge hat noch keine einzige physikalische Beziehung aufgefunden werden können, in der gleich aussehendes Licht regelmässig gleichwerthig wäre. Endlich hängt die ganze Grundlage der musikalischen Wirkung der Consonanz und Dissonanz von dem eigenthümlichen Phänomen der Schwebungen ab. Diese beruhen auf einem schnellen Wechsel in der Intensität des Tones, welcher dadurch entsteht, dass zwei nahe gleich hohe Töne abwechselnd mit gleichen und entgegengesetzten Phasen zusammen wirken, und dem gemäss bald starke, bald schwache Schwingungen der mitschwingenden Körper erregen. Das physikalische Phänomen würde beim Zusammenwirken zweier Lichtwellenzüge ganz ebenso vorkommen können, wie beim Zusammenwirken zweier Tonwellenzüge. Aber der Nerv muss erstens fähig sein von beiden Wellenzügen afficirt zu werden, und zweitens muss er dem Wechsel von starker und schwacher Intensität schnell genug folgen können. In letzterer Beziehung ist der Gehörnerv dem Sehnerven erheblich überlegen. Gleichzeitig ist jede Faser des Hörnerven nur für Töne aus einem engen Intervall der Scala empfindlich, so dass nur ganz nahe gelegene Töne in ihr überhaupt zusammen wirken können, weit von einander entfernte nicht oder nicht unmittelbar. Wenn sie es thun, so rührt dies von begleitenden Obertönen oder Combinationstönen her. Daher tritt beim Ohr dieser Unterschied von schwirrenden und nicht schwirrenden Intervalle, d. h. von Consonanz und Dissonanz ein. Jede Sehnervenfaser dagegen empfindet durch das ganze Spectrum, wenn auch verschieden stark in verschiedenen Theilen. Könnte der Sehnerv überhaupt den ungeheuer schnellen Schwebungen der Lichtoscillationen in der Empfindung folgen, so würde jede Mischfarbe als Dissonanz wirken.

Sie sehen, wie alle diese Unterschiede in der Wirkungsweise von Licht und Ton durch die Art, wie der Nervenapparat gegen sie reagirt, bedingt sind.

Unsere Empfindungen sind eben Wirkungen, welche durch äussere Ursachen in unseren Organen hervorgebracht werden, und wie eine solche Wirkung sich äussert, hängt natürlich ganz wesentlich von der Art des Apparats ab, auf den gewirkt wird. Insofern die Qualität unserer Empfindung uns von der Eigenthümlichkeit der äusseren Einwirkung, durch welche sie erregt ist, eine Nachricht giebt, kann sie als ein Zeichen derselben gelten, aber nicht als ein Abbild. Denn vom Bilde verlangt man irgend eine Art der Gleichheit mit dem abgebildeten Gegenstande, von einer Statue Gleichheit der Form, von einer Zeichnung Gleichheit der perspectivischen Projection im Gesichtsfelde, von einem Gemälde auch noch Gleichheit der Farben. Ein Zeichen aber braucht gar keine Art der Aehnlichkeit mit dem zu haben, dessen Zeichen es ist. Die Beziehung zwischen beiden beschränkt sich darauf, dass das gleiche Object, unter gleichen Umständen zur Einwirkung kommend, das gleiche Zeichen hervorruft, und dass also ungleiche Zeichen immer ungleicher Einwirkung entsprechen.

Der populären Meinung gegenüber, welche auf Treu und Glauben die volle Wahrheit der Bilder annimmt, die uns unsere Sinne von den Dingen liefern, mag dieser Rest von Aehnlichkeit, den wir anerkennen, sehr geringfügig erscheinen. In Wahrheit ist er es nicht; denn mit ihm kann noch eine Sache von der allergrössesten Tragweite geleistet werden, nämlich die Abbildung der Gesetzmässigkeit in den Vorgängen der wirklichen Welt. Jedes Naturgesetz sagt aus, dass auf Vorbedingungen, die in gewisser Beziehung gleich sind, immer Folgen eintreten, die in gewisser anderer Beziehung gleich sind. Da Gleiches in unserer Empfindungswelt durch gleiche Zeichen angezeigt wird, so wird der naturgesetzlichen Folge gleicher Wirkungen auf gleiche Ursachen, auch eine ebenso regelmässige Folge im Gebiete unserer Empfindungen entsprechen.

Wenn Beeren einer gewissen Art beim Reifen zugleich rothes Pigment und Zucker ausbilden, so werden in unserer Empfindung bei Beeren dieser Form rothe Farbe und süsser Geschmack sich immer zusammen finden.

Wenn also unsere Sinnesempfindungen in ihrer Qualität auch nur Zeichen sind, deren besondere Art ganz von unserer Organisation abhängt, so sind sie doch nicht als leerer Schein zu verwerfen, sondern sie sind eben Zeichen von Etwas, sei es etwas Bestehendem oder Geschehendem, und was das Wichtigste ist, das Gesetz dieses Geschehens können sie uns abbilden.

Die Qualitäten der Empfindung also erkennt auch die Physiologie als blosse Form der Anschauung an. Kant aber ging weiter. Nicht nur die Qualitäten der Sinnesempfindungen sprach er als gegeben durch die Eigenthümlichkeiten unseres Anschauungsvermögens an, sondern auch Zeit und Raum, da wir nichts in der Aussenwelt wahrnehmen können, ohne dass es zu einer bestimmten Zeit geschieht und an einen bestimmten Ort gesetzt wird; die Zeitbestimmung kommt sogar auch jeder innerlichen Wahrnehmung zu. Er bezeichnete deshalb die Zeit als die gegebene und nothwendige, transcendentale Form der inneren, den Raum als die entsprechende der äusseren Anschauung. Auch die räumlichen Bestimmungen also betrachtet Kant für ebensowenig der Welt des Wirklichen, oder „dem Dinge an sich" angehörig, wie die Farben, die wir sehen, den Körpern an sich zukommen, sondern durch unser Auge in sie hineingetragen sind. Selbst hier wird die naturwissenschaftliche Betrachtung bis zu einer gewissen Grenze mitgehen können. Wenn wir nämlich fragen, ob es ein gemeinsames und in unmittelbarer Empfindung wahrnehmbares Kennzeichen giebt, durch welches sich für uns jede auf Gegenstände im Raum bezügliche Wahrnehmung charakterisirt: so finden wir in der That ein solches in dem Umstande, dass Bewegung unseres Körpers uns in andere räumliche Beziehungen zu den wahrgenommenen Objecten setzt, und dadurch auch den Eindruck, den sie auf uns machen, verändert. Der Impuls zur Bewegung aber, den wir durch Innervation unserer motorischen Nerven geben, ist etwas unmittelbar Wahrnehmbares. Dass wir etwas thun, indem wir einen solchen Impuls geben, fühlen wir. Was wir thun, wissen wir nicht unmittelbar. Dass wir die motorischen Nerven in Erregungszustand versetzen oder innerviren, dass deren Reizung auf die Muskeln übergeleitet wird, diese sich in Folge dessen zusammenziehen und die Glieder bewegen, lehrt uns erst die Physiologie. Wiederum aber wissen wir auch ohne wissenschaftliches

Studium, welche wahrnehmbare Wirkung jeder verschiedenen Innervation folgt, die wir einzuleiten im Stande sind. Dass wir dies durch häufig wiederholte Versuche und Beobachtungen lernen, ist in einer grossen Reihe von Fällen sicher nachweisbar. Wir können noch im erwachsenen Alter lernen die Innervationen zu finden, die zum Aussprechen der Buchstaben einer fremden Sprache oder für eine besondere Art der Stimmbildung beim Singen nöthig sind; wir können Innervationen lernen, um die Ohren zu bewegen, um mit den Augen einwärts oder auswärts, selbst auf- und abwärts zu schielen u. s. w. Die Schwierigkeit dergleichen zu vollführen besteht nur darin, dass wir durch Versuche die noch unbekannten Innervationen zu finden suchen müssen, die zu solchen bisher nicht ausgeführten Bewegungen nöthig sind. Uebrigens wissen wir selbst von diesen Impulsen unter keiner anderen Form und durch kein anderes definirbares Merkmal, als dadurch dass sie eben die beabsichtigte beobachtbare Wirkung hervorbringen; diese letztre dient also auch allein zur Unterscheidung der verschiedenen Impulse in unserem eignen Vorstellen.

Wenn wir nun Impulse solcher Art geben, (den Blick wenden, die Hände bewegen, hin und hergehen), so finden wir, dass dadurch die gewissen Qualitätenkreisen angehörigen Empfindungen (nämlich die auf räumliche Objecte bezüglichen) geändert werden können; andere psychische Zustände, deren wir uns bewusst sind, Erinnerungen, Absichten, Wünsche, Stimmungen durchaus nicht. Dadurch ist in unmittelbarer Wahrnehmung ein durchgreifender Unterschied zwischen den ersteren und letzteren gesetzt. Wenn wir als dasjenige Verhältniss, welches wir durch unsere Willensimpulse unmittelbar ändern, dessen Art uns übrigens noch ganz unbekannt sein könnte, ein räumliches nennen wollen, so treten die Wahrnehmungen psychischer Thätigkeiten gar nicht in ein solches ein; wohl aber müssen alle Empfindungen der äusseren Sinne unter irgend welcher Art der Innervation vor sich gehen, d. h. räumlich bestimmt sein. Demnach wird uns der Raum auch sinnlich erscheinen, behaftet mit den Qualitäten unserer Bewegungsempfindungen, als das, durch welches hin wir uns bewegen, durch welches hin wir blicken können. Die Raumanschauung würde also in diesem Sinne eine **subjective Anschauungsform** sein, wie die Empfindungsqualitäten Roth, Süss, Kalt. Natürlich würde dies für jene ebenso wenig wie für diese, den Sinn haben, dass die Ortsbestimmung eines bestimmten einzelnen Gegenstandes **ein blosser Schein sei**.

Als die **nothwendige Form der äusseren Anschauung** aber würde der Raum von diesem Standpunkte aus erscheinen, weil wir eben das, was wir als räumlich bestimmt wahrnehmen, als Aussenwelt zusammenfassen. Dasjenige, an dem keine Raumbeziehung wahrzunehmen ist, begreifen wir als die Welt der inneren Anschauung, als die Welt des Selbstbewusstseins.

Und eine **gegebene, vor aller Erfahrung mitgebrachte Form der Anschauung** würde der Raum sein, insofern seine Wahrnehmung an die Möglichkeit motorischer Willensimpulse geknüpft wäre, für die uns die geistige und körperliche Fähigkeit durch unsere Organisation gegeben sein muss, ehe wir Raumanschauung haben können.

Darüber, dass das von uns besprochene Kennzeichen der Veränderung bei Bewegung allen auf räumliche Objecte bezüglichen Wahrnehmungen zukommt, wird nicht wohl ein Zweifel sein können*). Es wird dagegen die Frage zu beantworten sein, ob nun aus dieser Quelle alle eigenthümlichen

---

*) Ueber die Localisation der Empfindungen in inneren Organen s. Beilage I.

Bestimmungen unserer Raumanschauung herzuleiten sind. Zu dem Ende müssen wir überlegen, was mit den bisher besprochenen Hilfsmitteln des Wahrnehmens sich erreichen lässt.

Suchen wir uns daher auf den Standpunkt eines Menschen ohne alle Erfahrung zurückzuversetzen. Um ohne Raumanschauug zu beginnen, müssen wir annehmen, dass derselbe auch die Wirkungen seiner Innervationen nicht weiter kenne, als insofern er gelernt habe, wie er durch Nachlass einer ersten Innervation oder durch Ausführung eines zweiten Gegenimpulses sich in den Zustand wieder zurückversetzen könne, aus dem er durch den ersten Impuls sich entfernt hat. Da dieses gegenseitige Sichaufheben verschiedener Innervationen ganz unabhängig ist von dem, was dabei wahrgenommen wird: so kann der Beobachter finden, wie er das zu machen hat, ohne noch irgend ein Verständniss der Aussenwelt vorher erlangt zu haben.

Ein solcher Beobachter befinde sich zunächst einmal einer Umgebung von ruhenden Objecten gegenüber. Dies wird sich ihm erstens dadurch zu erkennen geben, dass, so lange er keinen motorischen Impuls giebt, seine Empfindungen unverändert bleiben. Giebt er einen solchen (bewegt er zum Beispiel die Augen oder die Hände, schreitet er fort), so ändern sich die Empfindungen; und kehrt er dann durch Nachlass oder den zugehörigen Gegenimpuls in den früheren Zustand zurück, so werden sämmtliche Empfindungen wieder die früheren.

Nennen wir die ganze Gruppe von Empfindungsaggregaten, welche während der besprochenen Zeitperiode durch eine gewisse bestimmte und begrenzte Gruppe von Willensimpulsen herbeizuführen sind, die zeitweiligen Präsentabilien, dagegen präsent dasjenige Empfindungsaggregat aus dieser Gruppe, was gerade zur Perception kommt: so ist unser Beobachter zur Zeit an einen gewissen Kreis von Präsentabilien gebunden, aus dem er aber jedes Einzelne in jedem ihm beliebigen Augenblicke durch Ausführung der betreffenden Bewegung präsent machen kann. Dadurch erscheint ihm jedes Einzelne aus dieser Gruppe der Präsentabilien als bestehend in jedem Augenblick dieser Zeitperiode. Er hat es beobachtet in jedem einzelnen Augenblicke, wo er es gewollt hat. Die Behauptung, dass er es auch in jedem andern zwischenliegenden Augenblicke würde haben beobachten können, wo er es gewollt haben würde, ist als ein Inductionsschluss anzusehen, der von jedem Augenblick eines gelungenen Versuches auf jeden Augenblick der betreffenden Zeitperiode schlechthin gezogen wird. So wird also die Vorstellung von einem dauernden Bestehen von Verschiedenem gleichzeitig neben einander gewonnen werden können. Das „Neben einander" ist eine Raumbezeichnung; aber sie ist gerechtfertigt, da wir das durch Willensimpulse geänderte Verhältniss als „räumlich" definirt haben. Bei dem, was da als neben einander bestehend gesetzt wird, braucht man noch nicht an substantielle Dinge zu denken. „Rechts ist es hell, links ist es dunkel; vorn ist Widerstand, hinten nicht", könnte zum Beispiel auf dieser Erkenntnissstufe gesagt werden, wobei das Rechts und Links nur Namen für bestimmte Augenbewegungen, Vorn und Hinten für bestimmte Handbewegungen sind.

Zu andern Zeiten nun ist der Kreis der Präsentabilien für dieselbe Gruppe von Willensimpulsen ein anderer geworden. Dadurch tritt uns dieser Kreis mit dem Einzelnen, was er enthält, als ein Gegebenes, ein „objectum" entgegen. Es scheiden sich diejenigen Veränderungen, die wir durch bewusste Willensimpulse hervorbringen und rückgängig machen können, von solchen, die nicht Folge von Willensimpulsen sind und durch solche nicht beseitigt werden können. Die letztere Bestimmung ist negativ. Fichte's passender Ausdruck dafür ist, dass sich ein „Nicht-Ich" dem „Ich" gegenüber Anerkennung erzwingt. Wenn wir nach den empirischen Bedingungen fragen, unter denen die Raumanschauung sich ausbildet, so müssen wir bei diesen Ueberlegungen hauptsächlich auf den Tastsinn Rücksicht nehmen, da Blinde ohne Hilfe des Gesichts die Raumanschauung vollständig ausbilden können. Wenn auch die Ausfüllung des Raums mit Objecten für sie weniger reich und fein ausfallen wird, als für Sehende: so erscheint es doch im höchsten Grade unwahrscheinlich, dass die Grundlagen der Raumanschauung bei beiden Klassen von Menschen gänzlich verschieden sein sollten. Versuchen wir selbst im Dunkeln oder mit geschlossenen Augen tastend zu beobachten: so können wir sehr wohl mit einem Finger, selbst mit einem in der Hand gehaltenen Stifte, wie der Chirurg mit der Sonde, tasten und doch die Körperform des vorliegenden Objects fein und sicher ermitteln. Gewöhnlich betasten wir grössere Gegenstände, wenn wir uns im Dunkeln zurechtfinden wollen, mit fünf oder zehn Fingerspitzen gleichzeitig. Wir bekommen dann fünf bis zehnmal so viel Nachrichten in gleicher Zeit als mit einem Finger, und brauchen die Finger auch zu Grössenmessungen an den Objecten wie die Spitzen eines geöffneten Zirkels. Jedenfalls tritt beim Tasten der Umstand, dass wir eine ausgebreitete empfindende Hautfläche mit vielen empfindenden Puncten haben, ganz in den Hintergrund. Was wir bei ruhigem Auflegen der Hand, etwa auf das Gepräge einer Medaille, durch das Hautgefühl zu ermitteln im Stande sind, ist ausserordentlich stumpf und dürftig im Vergleich mit dem, was wir durch tastende Bewegung, wenn auch nur mit der Spitze eines Bleistifts, herausfinden. Beim Gesichtssinn wird dieser Vorgang dadurch viel verwickelter, dass neben der am feinsten empfindenden Stelle der Netzhaut, ihrer centralen Grube, welche beim Blicken gleichsam an dem Netzhautbilde herumgeführt wird, gleichzeitig noch eine grosse Menge anderer empfindender Punkte in viel ausgiebigerer Weise mitwirken, als dies beim Tastsinn der Fall ist.

Dass durch das Entlangführen des tastenden Fingers an den Objecten die Reihenfolge kennen gelernt wird, in der sich ihre Eindrücke darbieten, dass diese Reihenfolge sich als unabhängig davon erweist, ob man mit diesem oder jenem Finger tastet, dass sie ferner nicht eine einläufig bestimmte Reihe ist, deren Elemente man immer wieder vor- oder rückwärts in derselben Ordnung durchlaufen müsste, um von einem zum andern zu kommen, also keine linienförmige Reihe, sondern ein flächenhaftes Nebeneinander, oder nach Riemann's Terminologie, eine Mannigfaltigkeit zweiter Ordnung, das alles ist leicht einzusehen. Der tastende Finger freilich kann noch mittels anderer motorischer Impulse, als die sind, die ihn längs der tastbaren Fläche verschieben, von einem zum andern Punkt derselben kommen, und verschiedene tastbare Flächen verlangen verschiedene Bewegungen, um an ihnen zu gleiten. Dadurch ist für den Raum, in dem sich das Tastende bewegt, eine höhere Mannigfaltigkeit verlangt als für die tastbare Fläche; es wird die dritte Dimension hinzutreten müssen. Diese aber genügt für alle vorliegenden Erfahrungen; denn eine geschlossene Fläche theilt den Raum, den wir kennen, vollständig. Auch Gase und Flüssigkeiten, die doch nicht an die Form des menschlichen Vorstellungsvermögens gebunden sind, können durch eine rings geschlossene Fläche nicht entweichen; und wie nur eine Fläche, nicht ein Raum, also ein Raumgebild von zwei, nicht eines von drei Dimensionen, durch eine geschlossene Linie zu begrenzen ist: so kann auch durch eine Fläche eben nur ein Raum von drei Dimensionen, nicht einer von vieren abgeschlossen werden.

So wäre die Kenntniss zu gewinnen von der Raumordnung des nebeneinander Bestehenden. Grössenvergleichungen würden durch Beobachtungen von Congruenz der tastenden Hand mit Theilen oder Punkten von Körperflächen, oder von Congruenz der Netzhaut mit den Theilen und Punkten des Netzhautbildes dazukommen.

Davon, dass diese angeschaute Raumordnung der Dinge ursprünglich herrührt von der Reihenfolge, in der sich die Qualitäten des Empfindens dem bewegten Sinnesorgan darboten, bleibt schliesslich auch im vollendeten Vorstellen des erfahrenen Beobachters eine verwunderliche Folge stehen. Nämlich die im Raume vorhandenen Objecte erscheinen uns mit den Qualitäten unserer Empfindungen bekleidet. Sie erscheinen uns roth oder grün, kalt oder warm, riechen oder schmecken u. s. w., während diese Empfindungsqualitäten doch nur unserem Nervensystem angehören und gar nicht in den äusseren Raum hinausreichen. Selbst, wenn wir dies wissen, hört der Schein nicht auf, weil dieser Schein in der That die ursprüngliche Wahrheit ist; es sind eben die Empfindungen, die sich zuerst in räumlicher Ordnung uns darbieten.

Sie sehen, dass die wesentlichsten Züge der Raumanschauung auf diese Weise abgeleitet werden können. Dem populären Bewusstsein aber erscheint eine Anschauung als etwas einfach Gegebenes, was ohne Nachdenken und Suchen zu Stande kommt, und überhaupt nicht weiter in andere psychische Vorgänge aufzulösen ist. Dieser populären Meinung schliesst sich ein Theil der physiologischen Optiker an, und die Kantianer stricter Observanz wenigstens betreffs der Raumanschauung. Bekanntlich nahm schon Kant nicht nur an, dass die allgemeine Form der Raumanschauung transcendental gegeben sei, sondern dass dieselbe auch von vorn herein und vor aller möglichen Erfahrung gewisse nähere Bestimmungen enthalte, wie sie in den Axiomen der Geometrie ausgesprochen sind. Diese lassen sich auf folgende Sätze zurückführen:

1) Zwischen zwei Punkten ist nur eine kürzeste Linie möglich. Wir nennen eine solche „gerade". -

2) Durch je drei Punkte lässt sich eine Ebene legen. Eine Ebene ist eine Fläche, in die jede gerade Linie ganz hineinfällt, wenn sie mit zwei Punkten derselben zusammenfällt.

3) Durch jeden Punkt ist nur eine Linie möglich, die einer gegebenen geraden Linie parallel ist. Parallel sind zwei gerade Linien, die in derselben Ebene liegen und sich in keiner endlichen Entfernung schneiden.

Ja Kant benutzt die angebliche Thatsache, dass diese Sätze der Geometrie uns als nothwendig richtig erschienen, und wir uns ein abweichendes Verhalten des Raums auch gar nicht einmal vorstellen könnten, geradezu als Beweis dafür, dass sie vor aller Erfahrung gegeben sein müssten, und dass deshalb auch die in ihnen enthaltene Raumanschauung eine transcendentale, von der Erfahrung unabhängige Form der Anschauung sei.

Ich möchte hier zunächst wegen der Streitigkeiten, die in den letzten Jahren über die Frage geführt worden sind, ob die Axiome der Geometrie transcendentale oder Erfahrungssätze seien, hervorheben, dass diese Frage ganz zu trennen ist von der erst besprochenen, ob der Raum überhaupt eine transcendentale Anschauungsform sei oder nicht.*)

Unser Auge sieht alles, was es sieht, als ein Aggregat farbiger Flächen im Gesichtsfelde; das ist seine Anschauungsform. Welche besonderen Farben bei dieser und jener Gelegenheit erscheinen, in welcher Zusammenstellung und in welcher Folge, ist Ergebniss der äusseren Einwirkungen und durch kein Gesetz der Organisation bestimmt. Ebenso wenig folgt daraus, dass der Raum eine Form des Anschauens sei, irgend etwas über die Thatsachen, die in den Axiomen ausgesprochen sind. Wenn solche Sätze keine Erfahrungssätze sein, sondern der nothwendigen Form der Anschauung angehören sollen, so ist dies eine weitere besondere Bestimmung der allgemeinen Form des Raums, und diejenigen Gründe, welche schliessen lassen, dass die Anschauungsform des Raumes transcendental sei, genügen darum noch nicht nothwendig um gleichzeitig zu beweisen, dass auch die Axiome transcendentalen Ursprungs seien.

Kant ist bei seiner Behauptung, dass räumliche Verhältnisse, die den Axiomen des Euklides widersprächen, überhaupt nicht einmal vorgestellt werden könnten, so wie in seiner gesammten Auffassung der Anschauung überhaupt, als eines einfachen, nicht weiter aufzulösenden psychischen Vorgangs, durch den damaligen Entwickelungszustand der Mathematik und Sinnesphysiologie beeinflusst gewesen.

Wenn man eine vorher nie gesehene Sache sich vorzustellen versuchen will, so muss man sich die Reihe der Sinneseindrücke auszumalen wissen, welche nach den bekannten Gesetzen derselben zu Stande kommen müssten, wenn man jenes Object und seine allmäligen Veränderungen

---

*) S. Beilage II.

nach einander von jedem möglichen Standpunkte aus mit allen Sinnen beobachtete; und gleichzeitig müssen diese Eindrücke von der Art sein, dass dadurch jede andere Deutung ausgeschlossen ist. Wenn diese Reihe der Sinneseindrücke vollständig und eindeutig angegeben werden kann, muss man meines Erachtens die Sache für anschaulich vorstellbar erklären. Da dieselbe der Voraussetzung nach noch nie beobachtet sein soll, kann keine frühere Erfahrung uns zu Hilfe kommen und bei der Auffindung der zu fordernden Reihe von Eindrücken unsere Phantasie leiten, sondern es kann dies nur durch den Begriff des vorzustellenden Objects oder Verhältnisses geschehen. Ein solcher Begriff ist also zunächst auszuarbeiten und so weit zu specialisiren, als es der angegebene Zweck erfordert. Der Begriff von Raumgebilden, die der gewöhnlichen Anschauung nicht entsprechen sollen, kann nur durch die rechnende analytische Geometrie sicher entwickelt werden. Für das vorliegende Problem hat zuerst Gauss 1828 durch seine Abhandlung über die Krümmung der Flächen die analytischen Hilfsmittel gegeben und Riemann diese zur Auffindung der logisch möglichen, in sich consequenten Systeme der Geometrie angewendet; diese Untersuchungen hat man nicht unpassend als metamathematische bezeichnet. Zu bemerken ist übrigens, dass schon Lobatschewski (1829 und 1840) eine Geometrie ohne den Parallelensatz auf dem gewöhnlichen synthetisch anschaulichen Wege durchgeführt hat, welche in vollkommener Uebereinstimmung mit dem entsprechenden Theile der neueren analytischen Untersuchungen ist. Endlich hat Beltrami eine Methode der Abbildung metamathematischer Räume in Theilen des Euklidischen Raumes angegeben, durch welche die Bestimmung ihrer Erscheinungsweise im perspectivischen Sehen ziemlich leicht gemacht wird. Lipschitz hat die Uebertragbarkeit der allgemeinen Principien der Mechanik auf solche Räume nachgewiesen, so dass die Reihe der Sinneseindrücke, die in ihnen zu Stande kommen würden, vollständig angegeben werden kann, womit die Anschaubarkeit solcher Räume im Sinne der vorangestellten Definition dieses Begriffs erwiesen ist.*)

Hier aber tritt der Widerspruch ein. Ich verlange für den Beweis der Anschaubarkeit nur, dass für jede Beobachtungsweise bestimmt und unzweideutig die entstehenden Sinneseindrücke anzugeben seien, nöthigenfalls unter Benutzung der wissenschaftlichen Kenntniss ihrer Gesetze, aus denen wenigstens für den Kenner dieser Gesetze hervorgehen würde, dass das betreffende Ding oder anzuschauende Verhältniss thatsächlich vorhanden sei. Die Aufgabe, sich die Raumverhältnisse in metamathematischen Räumen vorzustellen, erfordert in der That einige Uebung im Verständniss analytischer Methoden, perspectivischer Constructionen und optischer Erscheinungen.

Dies aber widerspricht dem älteren Begriff der Anschauung, welcher nur das als durch Anschauung gegeben anerkennt, dessen Vorstellung ohne Besinnen und Mühe sogleich mit dem sinnlichen Eindruck zum Bewusstsein kommt. Diese Leichtigkeit, Schnelligkeit, blitzähnliche Evidenz, mit der wir zum Beispiel die Form eines Zimmers, in welches wir zum ersten Male treten, die Anordnung und Form der darin enthaltenen Gegenstände, den Stoff, aus dem sie bestehen, und vieles Andere wahrnehmen, haben unsere Versuche mathematische Räume vorzustellen in der That nicht. Wenn diese Art der Evidenz also eine ursprünglich gegebene, nothwendige Eigenthümlichkeit aller Anschauung wäre, so

---

*) S. meine Abhandlung über die Axiome der Geometrie in meinen „Populärwissenschaftlichen Vorträgen". Heft III. Braunschweig.

könnten wir bis jetzt die Anschaubarkeit solcher Räume nicht behaupten.

Da stossen uns nun bei weiterer Ueberlegung Fälle in Menge auf, welche zeigen, dass Sicherheit und Schnelligkeit des Eintretens bestimmter Vorstellungen bei bestimmten Eindrücken auch erworben werden kann, selbst wo nichts von einer solchen Verbindung durch die Natur gegeben ist. Eines der schlagendsten Beispiele dieser Art ist das Verständniss unserer Muttersprache. Die Worte sind willkührlich oder zufällig gewählte Zeichen, jede andere Sprache hat andere; ihr Verständniss ist nicht angeerbt, denn für ein Deutsches Kind, das zwischen Franzosen aufgewachsen ist und nie Deutsch sprechen hörte, ist Deutsch eine fremde Sprache. Das Kind lernt die Bedeutung der Worte und Sätze nur durch Beispiele der Anwendung kennen, wobei man, ehe es die Sprache versteht, ihm nicht einmal verständlich machen kann, dass die Laute, die es hört, Zeichen sein sollen, die einen Sinn haben. Schliesslich versteht es, herangewachsen, diese Worte und Sätze ohne Besinnen, ohne Mühe, ohne zu wissen, wann, wo und an welchen Beispielen es sie gelernt hat, es fasst die feinsten Abänderungen ihres Sinnes, oft solche, denen Versuche logischer Definition nur schwerfällig nachhinken.

Es wird nicht nöthig sein, dass ich die Beispiele solcher Vorgänge häufe, das tägliche Leben ist reich genug daran. Die Kunst ist geradezu darauf begründet, am deutlichsten die Poesie und die bildende Kunst. Die höchste Art des Anschauens, wie wir sie im Schauen des Künstlers finden, ist ein solches Erfassen eines neuen Typus der ruhenden oder bewegten Erscheinung des Menschen und der Natur. Wenn sich die gleichartigen Spuren, welche oft wiederholte Wahrnehmungen in unserem Gedächnisse zurücklassen, verstärken: so ist es gerade das Gesetzmässige, was sich am regelmässigsten gleichartig wiederholt, während das zufällig Wechselnde verwischt wird. Dem liebevollen und achtsamen Beobachter erwächst auf diese Weise ein Anschauungsbild des typischen Verhaltens der Objecte, die ihn interessirten, von dem er nachher eben so wenig weiss, wie es entstanden ist, als das Kind Rechenschaft davon geben kann, an welchen Beispielen es die Bedeutung der Worte kennen gelernt hat. Dass der Künstler Wahres erschaut hat, geht daraus hervor, dass es uns wieder mit der Ueberzeugung der Wahrheit ergreift, wenn er es uns an einem von den Störungen des Zufalls gereinigten Beispiele vorträgt. Er aber ist uns darin überlegen, dass er es aus allem Zufall und aller Verwirrung des Treibens der Welt herauszulesen wusste.

So viel nur zur Erinnerung daran, wie dieser psychische Process von den niedrigsten bis zu den höchsten Entwicklungsstufen unseres Geisteslebens wirksam ist. Ich habe die hierbei eintretenden Vorstellungsverbindungen in meinen früheren Arbeiten als unbewusste Schlüsse bezeichnet; als unbewusst, insofern der Major derselben aus einer Reihe von Erfahrungen gebildet ist, die einzeln längst dem Gedächtniss entschwunden sind und auch nur in Form von sinnlichen Beobachtungen, nicht nothwendig als Sätze in Worte gefasst, in unser Bewusstsein getreten waren. Der bei gegenwärtiger Wahrnehmung eintretende neue sinnliche Eindruck bildet den Minor, auf den die durch die früheren Beobachtungen eingeprägte Regel angewendet wird. Ich habe später jenen Namen der unbewussten Schlüsse vermieden, um der Verwechselung mit der, wie mir scheint, gänzlich unklaren und ungerechtfertigten Vorstellung zu entgehen, die Schopenhauer und seine Nachfolger mit diesem Namen bezeichnen, aber offenbar haben wir es hier mit einem elementaren Processe zu thun der allem eigentlich so genannten Denken zu Grunde liegt, wenn dabei auch noch die kritische Sichtung und Vervollständigung der einzelnen Schritte fehlt, wie sie in der wissenschaftlichen Bildung der Begriffe und Schlüsse eintritt.

Was also zunächst die Frage nach dem Ursprunge der geometrischen Axiome betrifft, so kann die bei mangelnder Erfahrung mangelnde Leichtigkeit der Vorstellung metamathematischer Raumverhältnisse nicht als Grund gegen ihre Anschaubarkeit geltend gemacht werden. Uebrigens ist die letztere vollkommen erweisbar. Kant's Beweis für die transcendentale Natur der geometrischen Axiome ist also hinfällig. Andererseits zeigt die Untersuchung der Erfahrungsthatsachen, dass die geometrischen Axiome, in demjenigen Sinne genommen, wie sie allein auf die wirkliche Welt angewendet werden dürfen, durch Erfahrung geprüft, erwiesen, eventualiter auch widerlegt werden können.*)

Eine weitere und höchst einflussreiche Rolle spielen die Gedächtnissreste früherer Erfahrungen noch in der Beobachtung unseres Gesichtsfeldes.

Ein nicht mehr ganz unerfahrener Beobachter erhält auch ohne Bewegung der Augen, sei es bei momentaner Beleuchtung durch eine elektrische Entladung, sei es bei absichtlichem starrem Fixiren, ein verhältnissmässig reiches Bild von den vor ihm befindlichen Gegenständen. Doch überzeugt sich auch der Erwachsene noch leicht, dass dieses Bild viel reicher und namentlich viel genauer wird, wenn er den Blick im Gesichtsfelde herumführt und also diejenige Art der Raumbeobachtung anwendet, die ich vorher als die grundlegende beschrieben habe. Wir sind in der That auch so sehr daran

---

*) S. meinen Aufsatz „On the Origin and Meaning of Geometrical Axioms" in der englischen Vierteljahrschrift „Mind", April 1878. Daraus ein Auszug in Beilage III.

gewöhnt den Blick an den Gegenständen, die wir betrachten, wandern zu lassen, dass es ziemlich viel Uebung erfordert, ehe es uns gelingt für physiologisch optische Versuche ihn längere Zeit ohne Schwanken auf einem Punkte festzuhalten. Ich habe in meinen physiologisch optischen Arbeiten*) auseinanderzusetzen gesucht, wie unsere Kenntniss des Gesichtsfeldes durch Beobachtung der Bilder während der Bewegungen des Auges erworben werden kann, wenn nur irgend welcher wahrnehmbare Unterschied zwischen übrigens qualitativ gleichen Netzhautempfindungen existirt, der dem Unterschiede verschiedener Orte auf der Netzhaut entspricht. Nach Lotze's Terminologie wäre ein solcher Unterschied ein Localzeichen zu nennen; nur dass dieses Zeichen ein Localzeichen sei, d. h. einem örtlichen Unterschiede entspreche und welchem, braucht nicht von vorn herein bekannt zu sein. Dass Personen, die von Jugend auf blind waren und später durch Operation das Gesicht wieder erhielten, zunächst nicht einmal so einfache Formen, wie einen Kreis und ein Quadrat, durch das Auge unterscheiden konnten, ehe sie sie betastet hatten, haben auch neuere Beobachtungen wieder bestätigt.**) Ausserdem lehrt die physiologische Untersuchung, dass wir verhältnissmässig genaue und sichere Vergleichungen nach dem Augenmaass ausschliesslich an solchen Linien und Winkeln im Sehfelde ausführen können, die sich durch die normalen Augenbewegungen schnell hinter einander auf denselben Stellen der Netzhaut abbilden lassen, ja sogar viel sicherer die wahren Grössen und Ent-

---

*) Handbuch der Physiologischen Optik in Karsten's Encyclopädie der Physik. Leipzig bei Voss. — Populäre wissenschaftliche Vorträge. Heft II. Braunschweig bei Vieweg.
**) Dufour (Lausanne) im Bulletin de la Société médicale de la Suisse Romande, 1876.

fernungen der nicht allzu entfernten räumlichen Objecte schätzen, als die mit dem Standpunkt wechselnden perspectivischen im Gesichtsfelde des Beobachters, obgleich jene auf drei Dimensionen des Raumes bezügliche Aufgabe viel verwickelter ist, als die letztere, die sich nur auf ein flächenhaftes Bild bezieht. Eine der grössten Schwierigkeiten beim Zeichnen ist bekanntlich, sich frei zu machen von dem Einfluss, den die Vorstellung von der wahren Grösse der gesehenen Objecte unwillkührlich ausübt. Genau die beschriebenen Verhältnisse sind es nun, welche wir erwarten müssen, wenn wir das Verständniss der Localzeichen erst durch Erfahrung erworben haben. Für das, was objectiv constant bleibt, können wir die wechselnden sinnlichen Zeichen sicher kennen lernen, viel leichter als für das, was selbst bei jeder Bewegung unseres Körpers wechselt, wie es die perspectivischen Bilder thun.

Für eine grosse Zahl von Physiologen, deren Ansicht wir als die nativistische im Gegensatz zur empiristischen, die ich selbst zu vertheidigen gesucht habe, bezeichnen können, erscheint indessen diese Vorstellung einer erworbenen Kenntniss des Gesichtsfeldes unannehmbar, weil sie sich nicht klar gemacht haben, was doch am Beispiel der Sprache so deutlich vorliegt, wie viel die gehäuften Gedächtnisseindrücke zu leisten vermögen. Es sind deshalb eine Menge verschiedener Versuche gemacht worden wenigstens einen gewissen Theil der Gesichtswahrnehmungen auf einen angeborenen Mechanismus zurückzuführen in dem Sinne, dass bestimmte Empfindungseindrücke bestimmte fertige Raumvorstellungen auslösen sollten. Im Einzelnen habe ich den Nachweis geführt*), dass alle bisher aufgestellten Hypothesen

---
*) S. mein Handbuch der Physiologischen Optik in Karsten's Encyclopädie der Physik. 3. Abtheilung. Leipzig bei Voss.

dieser Art nicht ausreichen, weil sich schliesslich doch immer wieder Fälle auffinden lassen, wo unsere Gesichtswahrnehmung sich in genauerer Uebereinstimmung mit der Wirklichkeit befindet, als jene Annahmen ergeben würden. Man ist dann zu der weiteren Hypothese gezwungen, dass die bei den Bewegungen gewonnene Erfahrung schliesslich die angeborene Anschauung überwinden könne und also gegen diese das leiste, was sie nach der empiristischen Hypothese ohne ein solches Hinderniss leisten soll.

Die nativistischen Hypothesen über die Kenntniss des Gesichtsfeldes erklären also erstens nichts, sondern nehmen nur an, dass das zu erklärende Factum bestehe, indem sie gleichzeitig die mögliche Rückführung desselben auf sicher constatirte psychische Processe zurückweisen, auf die sie doch selbst wiederum in anderen Fällen sich berufen müssen. Zweitens erscheint die Annahme sämmtlicher nativistischer Theorien, dass fertige Vorstellungen von Objecten durch den organischen Mechanismus hervorgebracht werden, viel verwegener und bedenklicher, als die Annahme der empiristischen Theorie, dass nur das unverstandene Material von Empfindungen von den äusseren Einwirkungen herrühre, alle Vorstellungen aber daraus nach den Gesetzen des Denkens gebildet werden.

Drittens sind die nativistischen Annahmen unnöthig. Der einzige Einwurf, der gegen die empiristische Erklärung vorgebracht werden konnte, ist die Sicherheit der Bewegung vieler neugeborener oder eben aus dem Ei gekrochener Thiere. Je weniger geistig begabt dieselben sind, desto schneller lernen sie das, was sie überhaupt lernen können. Je enger die Wege sind, die ihre Gedanken gehen müssen, desto leichter finden sie dieselben. Das neugeborene menschliche Kind ist im Sehen äusserst ungeschickt; es braucht mehrere Tage, che es lernt nach dem Gesichtsbilde die Richtung zu beurtheilen, nach der es den Kopf wenden muss, um die Brust der Mutter zu erreichen. Junge Thiere sind allerdings von individueller Erfahrung viel unabhängiger. Was aber dieser Instinct ist, der sie leitet, ob directe Vererbung von Vorstellungskreisen der Eltern möglich ist, ob es sich nur um Lust und Unlust, oder um einen motorischen Drang handelt, die sich an gewisse Empfindungsaggregate anknüpfen, darüber wissen wir Bestimmtes noch so gut, wie gar nichts. Beim Menschen kommen deutlich erkennbar noch Reste der letztgenannten Phänomene vor. Sauber und kritisch angestellte Beobachtungen wären in diesem Gebiete im höchsten Grade wünschenswerth.

Höchstens könnte also für Einrichtungen, wie sie die nativistische Hypothese voraussetzt, ein gewisser pädagogischer Werth in Anspruch genommen werden, der das Auffinden der ersten gesetzmässigen Verhältnisse erleichtert. Auch die empiristische Ansicht würde mit dahin zielenden Voraussetzungen vereinbar sein, dass zum Beispiel die Localzeichen benachbarter Netzhautstellen einander ähnlicher sind als die entfernter, diejenigen correspondirender Stellen beider Netzhäute ähnlicher als die von disparaten u. s. w. Für unsere gegenwärtige Untersuchung ist es genügend zu wissen, dass Raumanschauung vollständig auch beim Blinden entstehen kann, und dass beim Sehenden, selbst wenn die nativistischen Hypothesen theilweise zuträfen, doch schliesslich die letzte und genaueste Bestimmung der räumlichen Verhältnisse von den bei Bewegung gemachten Beobachtungen bedingt wird.

Ich kehre zurück zur Besprechung der ersten ursprünglichen Thatsachen unserer Wahrnehmung. Wir haben, wie wir gesehen, nicht nur wechselnde Sinneseindrücke, die über uns kommen, ohne dass wir etwas dazu thun, sondern wir beobachten unter fortdauernder eigener Thätigkeit, und gelangen dadurch zur Kenntniss des Bestehens eines gesetzlichen Verhältnisses zwischen unseren Innervationen und dem Präsentwerden der verschiedenen Eindrücke aus dem Kreise der zeitweiligen Präsentabilien. Jede unserer willkührlichen Bewegungen, durch die wir die Erscheinungsweise der Objecte abändern, ist als ein Experiment zu betrachten, durch welches wir prüfen, ob wir das gesetzliche Verhalten der vorliegenden Erscheinung, d. h. ihr vorausgesetztes Bestehen in bestimmter Raumordnung, richtig aufgefasst haben.

Die überzeugende Kraft jedes Experiments ist aber hauptsächlich deshalb so sehr viel grösser, als die der Beobachtung eines ohne unser Zuthun ablaufenden Vorganges, weil beim Experiment die Kette der Ursachen durch unser Selbstbewusstsein hindurchläuft. Ein Glied dieser Ursachen, unseren Willensimpuls, kennen wir aus innerer Anschauung und wissen, durch welche Motive er zu Stande gekommen ist. Von ihm aus beginnt dann, als von einem uns bekannten Anfangsglied und zu einem uns bekannten Zeitpunkt, die Kette der physischen Ursachen zu wirken, die in den Erfolg des Versuchs ausläuft. Aber eine wesentliche Voraussetzung für die zu gewinnende Ueberzeugung ist die, dass unser Willensimpuls weder selbst schon durch physische Ursachen, die gleichzeitig auch den physischen Process bestimmten, mit beeinflusst worden sei, noch seinerseits psychisch die darauf folgenden Wahrnehmungen beeinflusst habe.

Der letztere Zweifel kann namentlich bei unserem Thema in Betracht kommen. Der Willensimpuls für eine bestimmte Bewegung ist ein psychischer Act, die darauf wahrgenommene Aenderung der Empfindung gleichfalls. Kann nun nicht der erste Act den zweiten durch rein psychische Vermittelungen zu Stande bringen? Unmöglich ist es nicht. Wenn wir träumen, geschieht so etwas. Wir glauben träumend eine Bewegung zu vollführen und wir träumen dann weiter, dass dasjenige geschieht, was davon die natürliche Folge sein sollte. Wir träumen in einen Kahn zu steigen, ihn vom Land abzustossen, auf das Wasser hinaus zu gleiten, die umringenden Gegenstände sich verschieben zu sehen u. s. w. Hierbei scheint die Erwartung des Träumenden, dass er die Folgen seiner Handlungen eintreten sehen werde, die geträumte Wahrnehmung auf rein psychischem Wege herbeizuführen. Wer weiss zu sagen, wie lang und fein ausgesponnen, wie folgerichtig durchgeführt ein solcher Traum werden könnte. Wenn alles darin im höchsten Grade gesetzmässig der Naturordnung folgend geschähe, so würde kein anderer Unterschied vom Wachen bestehen, als die Möglichkeit des Erwachens, das Abreissen dieser geträumten Reihe von Anschauungen.

Ich sehe nicht, wie man ein System selbst des extremsten subjectiven Idealismus widerlegen könnte, welches das Leben als Traum betrachten wollte. Man könnte es für so unwahrscheinlich, so unbefriedigend wie möglich erklären — ich würde in dieser Beziehung den härtesten Ausdrücken der Verwerfung zustimmen — aber consequent durchführbar wäre es; und es scheint mir sehr wichtig dies im Auge zu behalten. Wie geistreich Calderon dies Thema im „Leben ein Traum" durchgeführt, ist bekannt.

Auch Fichte nimmt an, dass sich das Ich das Nicht-Ich, d. h. die erscheinende Welt, selbst setzt, weil es ihrer zur Entwickelung seiner Denkthätigkeit bedarf. Sein Idealismus unterscheidet sich aber doch von dem eben bezeichneten dadurch, dass er die anderen menschlichen Individuen nicht als Traumbilder, sondern auf die Aussage des Sittengesetzes hin als dem eigenen Ich gleiche Wesen fasst. Da aber ihre

Bilder, in denen sie das Nicht-Ich vorstellen, wieder alle zusammen stimmen müssen, so fasste er die individuellen Ichs alle als Theile oder Ausflüsse des absoluten Ich. Dann war die Welt, in der jene sich fanden, die Vorstellungswelt, welche der Weltgeist sich setzte, und konnte wieder den Begriff der Realität annehmen, wie es bei Hegel geschah.
Die realistische Hypothese dagegen traut der Aussage der gewöhnlichen Selbstbeobachtung, wonach die einer Handlung folgenden Veränderungen der Wahrnehmung gar keinen psychischen Zusammenhang mit dem vorausgegangenen Willensimpuls haben. Sie sieht als unabhängig von unserem Vorstellen bestehend an, was sich in täglicher Wahrnehmung so zu bewähren scheint, die materielle Welt ausser uns. Unzweifelhaft ist die realistische Hypothese die einfachste, die wir bilden können, geprüft und bestätigt in ausserordentlich weiten Kreisen der Anwendung, scharf definirt in allen Einzelbestimmungen und deshalb ausserordentlich brauchbar und fruchtbar als Grundlage für das Handeln. Das Gesetzliche in unseren Empfindungen würden wir sogar in idealistischer Anschauungsweise kaum anders auszusprechen wissen, als indem wir sagen: „Die mit dem Charakter der Wahrnehmung auftretenden Bewusstseinsacte verlaufen so, als ob die von der realistischen Hypothese angenommene Welt der stofflichen Dinge wirklich bestände". Aber über dieses „als ob" kommen wir nicht hinweg; für mehr als eine ausgezeichnet brauchbare und präcise Hypothese können wir die realistische Meinung nicht anerkennen; nothwendige Wahrheit dürfen wir ihr nicht zuschreiben, da neben ihr noch andere unwiderlegbare idealistische Hypothesen möglich sind.

Es ist gut dies immer vor Augen zu halten, um nicht mehr aus den Thatsachen folgern zu wollen, als in der That daraus zu folgern ist. Die verschiedenen Abstufungen der idealistischen und realistischen Meinungen sind metaphysische Hypothesen, welche, so lange sie als solche anerkannt werden, ihre vollkommene wissenschaftliche Berechtigung haben, so schädlich sie auch werden mögen, wo man sie als Dogmen oder als angebliche Denknothwendigkeiten hinstellen will. Die Wissenschaft muss alle zulässigen Hypothesen erörtern, um eine vollständige Uebersicht über die möglichen Erklärungsversuche zu behalten. Noch nothwendiger sind die Hypothesen für das Handeln, weil man nicht immer zuwarten kann, bis eine gesicherte wissenschaftliche Entscheidung erreicht ist, sondern sich, sei es nach der Wahrscheinlichkeit, sei es nach dem ästhetischen oder moralischen Gefühl entscheiden muss. In diesem Sinne wäre auch gegen die metaphysischen Hypothesen nichts einzuwenden. Unwürdig eines wissenschaftlich sein wollenden Denkers aber ist es, wenn er den hypothetischen Ursprung seiner Sätze vergisst. Der Hochmuth und die Leidenschaftlichkeit, mit der solche versteckte Hypothesen vertheidigt werden, sind die gewöhnlichen Folgen des unbefriedigenden Gefühls, welches ihr Vertheidiger in den verborgenen Tiefen seines Gewissens über die Berechtigung seiner Sache hegt.

Was wir aber unzweideutig und als Thatsache ohne hypothetische Unterschiebung finden können, ist das Gesetzliche in der Erscheinung. Von dem ersten Schritt an, wo wir vor uns weilende Objecte im Raume vertheilt wahrnehmen, ist diese Wahrnehmung das Anerkennen einer gesetzlichen Verbindung zwischen unsern Bewegungen und den dabei auftretenden Empfindungen. Schon die ersten elementaren Vorstellungen enthalten also in sich ein Denken und gehen nach den Gesetzen des Denkens vor sich. Alles, was in der Anschauung zu dem rohen Materiale der Empfindungen hinzukommt, kann in Denken aufgelöst werden, wenn wir den Begriff des Denkens so erweitert nehmen, wie es oben geschehen ist.

Denn wenn „begreifen" heisst: Begriffe bilden, und wir im Begriff einer Klasse von Objecten zusammensuchen und zusammenfassen, was sie von gleichen Merkmalen an sich tragen: so ergiebt sich ganz analog, dass der Begriff einer in der Zeit wechselnden Reihe von Erscheinungen das zusammenzufassen suchen muss, was in allen ihren Stadien gleich bleibt. Der Weise, wie Schiller es ausspricht:

„Sucht das vertraute Gesetz in des Zufalls grausenden Wundern,
„Suchet den ruhenden Pol in der Erscheinungen Flucht."

Wir nennen, was ohne Abhängigkeit von Anderem gleich bleibt in allem Wechsel der Zeit: die Substanz; wir nennen das gleichbleibende Verhältniss zwischen veränderlichen Grössen: dass sie verbindende Gesetz. Was wir direct wahrnehmen, ist nur das Letztere. Der Begriff der Substanz kann nur durch erschöpfende Prüfungen gewonnen werden und bleibt immer problematisch, insofern weitere Prüfung vorbehalten wird. Früher galten Licht und Wärme als Substanzen, bis sich später herausstellte, dass sie vergängliche Bewegungsformen seien, und wir müssen immer noch auf neue Zerlegungen der jetzt bekannten chemischen Elemente gefasst sein. Das erste Product des denkenden Begreifens der Erscheinung ist das Gesetzliche. Haben wir es so weit rein ausgeschieden, seine Bedingungen so vollständig und sicher abgegrenzt und zugleich so allgemein gefasst, dass für alle möglicher Weise eintretenden Fälle der Erfolg eindeutig bestimmt ist, und wir gleichzeitig die Ueberzeugung gewinnen, es habe sich bewährt und werde sich bewähren in aller Zeit und in allen Fällen: dann erkennen wir es als ein unabhängig von unserem Vorstellen Bestehendes an und nennen es die Ursache, d. h. das hinter dem

Wechsel ursprüngliche Bleibende und Bestehende; nur in diesem Sinne ist meiner Meinung nach die Anwendung des Worts gerechtfertigt, wenn auch der gemeine Sprachgebrauch es in sehr verwaschener Weise überhaupt für Antecedens oder Veranlassung anwendet. Insofern wir dann das Gesetz als ein unsere Wahrnehmung und den Ablauf der Naturprocesse Zwingendes, als eine unserem Willen gleichwerthige Macht anerkennen, nennen wir es „Kraft". Dieser Begriff der uns entgegentretenden Macht ist unmittelbar durch die Art und Weise bedingt, wie unsere einfachsten Wahrnehmungen zu Stande kommen. Von Anfang an scheiden sich die Aenderungen, die wir selbst durch unsere Willensacte machen, von solchen, die durch unsern Willen nicht gemacht, durch unsern Willen nicht zu beseitigen sind. Es ist namentlich der Schmerz, der uns von der Macht der Wirklichkeit die eindringlichste Lehre giebt. Der Nachdruck fällt hierbei auf die Beobachtungsthatsache, dass der wahrgenommene Kreis der Präsentabilien nicht durch einen bewussten Act unseres Vorstellens oder Willens gesetzt ist. Fichte's „Nicht-Ich" ist hier der genau zutreffende negative Ausdruck. Auch dem Träumer erscheint, was er zu sehen und zu fühlen glaubt, nicht durch seinen Willen oder durch die bewusste Verkettung seiner Vorstellungen hervorgerufen zu sein, wenn auch unbewusst das Letztere in Wirklichkeit oft genug der Fall sein möchte; auch ihm ist es ein Nicht-Ich. Ebenso dem Idealisten, der es als die Vorstellungswelt des Weltgeistes ansieht.

Wir haben in unserer Sprache eine sehr glückliche Bezeichnung für dieses, was hinter dem Wechsel der Erscheinungen stehend auf uns einwirkt, nämlich: „das Wirkliche". Hierin ist nur das Wirken ausgesagt; es fehlt die Nebenbeziehung auf das Bestehen als Substanz, welche der Begriff des Reellen, d. h. des Sachlichen, einschliesst. In den Begriff des Objectiven andererseits schiebt sich meist der Begriff des fertigen Bildes eines Gegenstandes ein, welcher nicht auf die ursprünglichsten Wahrnehmungen passt. Auch bei dem folgerichtig Träumenden müssten wir diejenigen seelischen Zustände oder Motive, welche ihm die dem gegenwärtigen Stande seiner erträumten Welt gesetzmässig entsprechenden Empfindungen zur Zeit unterschieben, als wirksam und wirklich bezeichnen. Andererseits ist klar, dass eine Scheidung von Gedachtem und Wirklichem erst möglich wird, wenn wir die Scheidung dessen, was das Ich ändern und nicht ändern kann, zu vollführen wissen. Diese wird aber erst möglich, wenn wir erkennen, welche gesetzmässigen Folgen die Willensimpulse zur Zeit haben. Das Gesetzmässige ist daher die wesentliche Voraussetzung für den Charakter des Wirklichen.

Dass es eine Contradictio in adjecto sei, das Reelle oder Kant's „Ding an sich" in positiven Bestimmungen vorstellen zu wollen, ohne es doch in die Form unseres Vorstellens aufzunehmen, brauche ich Ihnen nicht auseinanderzusetzen. Das ist oft besprochen. Was wir aber erreichen können, ist die Kenntniss der gesetzlichen Ordnung im Reiche des Wirklichen, diese freilich nur dargestellt in dem Zeichensystem unserer Sinneseindrücke.

„Alles Vergängliche
„Ist nur ein Gleichniss."

Dass wir Goethe hier und weiter mit uns auf demselben Wege finden, halte ich für ein günstiges Zeichen. Wo es sich um weite Ausblicke handelt, können wir seinem hellen und unbefangenen Blick für Wahrheit wohl vertrauen. Er verlangte in der That von der Wissenschaft, sie solle nur eine künstlerische Anordnung der Thatsachen sein und keine abstracten Begriffe darüber hinaus bilden, die ihm leere Namen zu sein schienen und die Thatsachen nur verdüsterten. In demselben Sinne etwa bezeichnete es neuerdings G. Kirchhoff als die Aufgabe der Mechanik, der abstractesten unter den Naturwissenschaften, die in der Natur vorkommenden Bewegungen vollständig und auf die einfachste Weise zu beschreiben. Was das „Verdüstern" betrifft, so geschieht dies in der That, wenn wir im Reiche der abstracten Begriffe stehen bleiben, und uns nicht den thatsächlichen Sinn derselben auseinander legen, d. h. uns klar machen, welche beobachtbaren neuen gesetzlichen Verhältnisse zwischen den Erscheinungen daraus folgen. Jede richtig gebildete Hypothese stellt ihrem thatsächlichen Sinne nach ein allgemeineres Gesetz der Erscheinungen hin, als wir bisher unmittelbar beobachtet haben; sie ist ein Versuch zu immer allgemeinerer und umfassenderer Gesetzlichkeit aufzusteigen. Was sie an Thatsachen Neues behauptet, muss durch Beobachtung und Versuch geprüft und bestätigt werden. Hypothesen, die einen solchen thatsächlichen Sinn nicht haben, oder überhaupt nicht sichere und eindeutige Bestimmungen für die unter sie fallenden Thatsachen geben, sind nur als werthlose Phrasen zu betrachten.

Jede Zurückführung der Erscheinungen auf die zu Grunde liegenden Substanzen und Kräfte behauptet etwas Unveränderliches und Abschliessendes gefunden zu haben. Zu einer unbedingten Behauptung dieser Art sind wir nie berechtigt; das erlaubt weder die Lückenhaftigkeit unseres Wissens, noch die Natur der Inductionsschlüsse, auf denen all unsere Wahrnehmung des Wirklichen vom ersten Schritte an beruht.

Jeder Inductionsschluss stützt sich auf das Vertrauen, dass ein bisher beobachtetes gesetzliches Verhalten sich auch in allen noch nicht zur Beobachtung gekommenen Fällen bewähren werde. Es ist dies ein Vertrauen auf die Gesetzmässigkeit alles Geschehens. Die Gesetzmässigkeit aber ist die Bedingung der Begreifbarkeit. Vertrauen in die Gesetzmässigkeit ist also zugleich Vertrauen auf die Begreifbarkeit der Naturerscheinungen. Setzen wir aber voraus, dass das Begreifen zu vollenden sein wird, dass wir ein letztes Unveränderliches als Ursache der beobachteten Veränderungen werden hinstellen können, so nennen wir das regulative Princip unseres Denkens, was uns dazu treibt, das Causalgesetz. Wir können sagen, es spricht das Vertrauen auf die vollkommene Begreifbarkeit der Welt aus. Das Begreifen, in dem Sinne, wie ich es beschrieben habe, ist die Methode, mittels deren unser Denken die Welt sich unterwirft, die Thatsachen ordnet, die Zukunft voraus bestimmt. Es ist sein Recht und seine Pflicht, die Anwendung dieser Methode auf alles Vorkommende auszudehnen, und wirklich hat es auf diesem Wege schon grosse Ergebnisse geerntet. Für die Anwendbarkeit des Causalgesetzes haben wir aber keine weitere Bürgschaft, als seinen Erfolg. Wir könnten in einer Welt leben, in der jedes Atom von jedem anderen verschieden wäre, und wo es nichts Ruhendes gäbe. Da würde keinerlei Regelmässigkeit zu finden sein, und unsere Denkthätigkeit müsste ruhen.

Das Causalgesetz ist wirklich ein a priori gegebenes, ein transcendentales Gesetz. Ein Beweis desselben aus der Erfahrung ist nicht möglich; denn die ersten Schritte der Erfahrung sind nicht möglich, wie wir gesehen haben, ohne die Anwendung von Inductionsschlüssen, d. h. ohne das Causalgesetz; und aus der vollendeten Erfahrung, wenn sie auch lehrte, das Alles bisher Beobachtete gesetzmässig verlaufen ist, — was zu versichern wir doch lange noch nicht berechtigt sind, — würde immer nur erst durch einen Inductionsschluss, d. h. unter Voraussetzung des Causalgesetzes folgen können, dass nun auch in Zukunft das Causalgesetz giltig sein würde. Hier gilt nur der eine Rath: Vertraue und handle!

Das Unzulängliche
Dann wird's Ereigniss.

Das wäre die Antwort, die wir auf die Frage zu geben haben: was ist Wahrheit in unserem Vorstellen? In dem, was mir immer als der wesentlichste Fortschritt in Kant's Philosophie erschienen ist, stehen wir noch auf dem Boden seines Systems. In diesem Sinne habe ich auch in meinen bisherigen Arbeiten häufig die Uebereinstimmung der neueren Sinnesphysiologie mit Kant's Lehren betont, aber damit freilich nicht gemeint, dass ich auch in allen untergeordneten Puncten in verba magistri zu schwören hätte. Als wesentlichsten Fortschritt der neueren Zeit glaube ich die Auflösung des Begriffs der Anschauung in die elementaren Vorgänge des Denkens betrachten zu müssen, die bei Kant noch fehlt, wodurch dann auch seine Auffassung der Axiome der Geometrie als transcendentaler Sätze bedingt ist. Es sind hier namentlich die physiologischen Untersuchungen über die Sinneswahrnehmungen gewesen, welche uns an die letzten elementaren Vorgänge des Erkennens hingeführt haben, die noch nicht in Worte fassbar, der Philosophie unbekannt und unzugänglich bleiben mussten, so lange diese nur die in der Sprache ihren Ausdruck findenden Erkenntnisse untersuchte.

Denjenigen Philosophen freilich, welche die Neigung zu metaphysischen Speculationen beibehalten haben, erscheint gerade das als das Wesentlichste an Kant's Philosophie, was wir als einen von der ungenügenden Entwickelung der Specialwissenschaften seiner Zeit abhängigen Mangel betrachtet haben. In der That stützt sich Kant's Beweis für die Möglichkeit einer Metaphysik, von welcher angeblichen Wissenschaft er selbst doch nichts weiter zu entdecken wusste, ganz allein auf die Meinung, dass die Axiome der Geometrie und die verwandten Principien der Mechanik transcendentale, a priori gegebene Sätze seien. Uebrigens widerspricht sein ganzes System eigentlich der Existenz der Metaphysik, und die dunklen Puncte seiner Erkenntnisstheorie, über deren Interpretation so viel gestritten worden ist, stammen von dieser Wurzel ab.

Nach alle dem hätte die Naturwissenschaft ihren sichern Boden, auf dem feststehend sie die Gesetze des Wirklichen suchen kann, ein wunderbar reiches und fruchtbares Arbeitsfeld. So lange sie sich auf diese Thätigkeit beschränkt, wird sie von idealistischen Zweifeln nicht getroffen. Solche Arbeit mag bescheiden erscheinen im Vergleich zu den hochfliegenden Plänen der Metaphysiker.

> Doch mit Göttern
> Soll sich nicht messen
> Irgend ein Mensch.
> Hebt er sich aufwärts
> Und berührt
> Mit dem Scheitel die Sterne,
> Nirgends haften dann
> Die unsicheren Sohlen,
> Und mit ihm spielen
> Wolken und Winde.
>
> Steht er mit festen
> Markigen Knochen
> Auf der wohlgegründeten
> Dauernden Erde:
> Reicht er nicht auf,
> Nur mit der Eiche
> Oder der Rebe
> Sich zu vergleichen.

Immerhin mag uns das Vorbild dessen, der dies sagte, lehren, wie ein Sterblicher, der wohl zu stehen gelernt hatte, auch wenn er mit dem Scheitel die Sterne berührte, noch das klare Auge für Wahrheit und Wirklichkeit behielt. Etwas von dem Blicke des Künstlers, von dem Blicke, der Goethe und Lionardo da Vinci auch zu grossen wissenschaftlichen Gedanken leitete, muss der rechte Forscher immer haben. Beide, Künstler und Forscher, streben, wenn auch in verschiedener Behandlungsweise, dem Ziele zu neue Gesetzlichlichkeit zu entdecken. Nur muss man nicht müssiges Schwärmen und tolles Phantasiren für künstlerischen Blick ausgeben wollen. Der rechte Künstler und der rechte Forscher wissen beide recht zu arbeiten und ihrem Werke feste Form und überzeugende Wahrheitstreue zu geben.

Uebrigens hat sich bisher die Wirklichkeit der treu ihren Gesetzen nachforschenden Wissenschaft immer noch viel erhabener und reicher enthüllt, als die äussersten Anstrengungen mythischer Phantasie und metaphysischer Speculation sie auszumalen gewusst hatten. Wass wollen alle die ungeheuerlichen Ausgeburten Indischer Träumerei, diese Häufungen riesiger Dimensionen und Zahlen, sagen gegen die Wirklichkeit des Weltgebäudes, gegen die Zeiträume, in denen Sonne und Erde sich bildeten, in denen das Leben während der geologischen Geschichte sich entwickelte, in immer vollendeteren Formen sich den beruhigteren physikalischen Zuständen unseres Planeten anpassend.

Welche Metaphysik hat vorbereitet Begriffe von Wirkungen, wie sie Magnete und bewegte Elektricität auf einander ausüben, um deren Zurückführung auf wohlbestimmte Elementarwirkungen die Physik im Augenblick noch ringt, ohne zu einem klaren Abschluss gelangt zu sein. Aber schon scheint auch das Licht nichts als eine andere Bewegungsweise jener beiden Agentien, und der raumfüllende Aether erhält als magnetisirbares und elektrisirbares Medium ganz neue charakteristische Eigenschaften.

Und in welches Schema scholastischer Begriffe sollen wir diesen Vorrath von wirkungsfähiger Energie einreihen, dessen Constanz das Gesetz von der Erhaltung der Kraft aussagt, der, unzerstörbar und unvermehrbar wie eine Substanz, als Triebkraft in jeder Bewegung des leblosen, wie des lebendigen Stoffes thätig ist, ein Proteus in immer neue Formen sich kleidend, durch den unendlichen Raum wirkend und doch nicht ohne Rest theilbar mit dem Raume, das Wirkende in jeder Wirkung, das Bewegende in jeder Bewegung, und doch nicht Geist und nicht Materie? — Hat ihn der Dichter geahnt?

> In Lebensfluthen, in Thatensturm,
> Wall' ich auf und ab,
> Webe hin und her!
> Geburt und Grab,
> Ein ewiges Meer,
> Ein wechselnd Weben,
> Ein glühend Leben,
> So schaff' ich am sausenden Webstuhl der Zeit,
> Und wirke der Gottheit lebendiges Kleid.

Wir, Stäubchen auf der Fläche unseres Planeten, der selbst kaum ein Sandkorn im unendlichen Raume des Weltalls zu nennen ist, wir, das jüngste Geschlecht unter den Lebendigen der Erde, nach geologischer Zeitrechnung kaum der Wiege entstiegen, noch im Stadium des Lernens, kaum halb erzogen, mündig gesprochen aus gegenseitiger Rücksicht, und doch schon durch den kräftigeren Antrieb des Causalgesetzes über alle unsere Mitgeschöpfe hinausgewachsen und sie im

Kampf um das Dasein bezwingend, haben wahrlich Grund genug stolz zu sein, dass es uns gegeben ist „die unbegreiflich hohen Werke" in treuer Arbeit langsam verstehen zu lernen, und wir brauchen uns nicht im Mindesten beschämt zu fühlen, wenn dies nicht gleich im ersten Ansturm eines Icarusfluges gelingt.

Beilage I.
Ueber die Localisation der Empfindungen innerer Organe.
Zu Seite 16.

Es könnte hier in Frage kommen, ob nicht die physiologischen und pathologischen Empfindungen innerer Organe des Körpers mit den Seelenzuständen in dieselbe Kategorie fallen müssten, insofern viele von ihnen ebenfalls durch Bewegungen nicht, oder wenigstens nicht erheblich geändert werden. Nun giebt es in der That solche Empfindungen zweideutigen Charakters, wie die der Niedergeschlagenheit, Melancholie, Angst, welche ebenso gut aus körperlichen, wie aus psychischen Ursachen entstehen können, und bei denen auch jede Vorstellung einer besonderen Localisation fehlt. Höchstens macht sich bei der Angst die Gegend des Herzens in unbestimmter Weise als Sitz der Empfindung geltend, wie denn überhaupt die ältere Ansicht, dass das Herz Sitz vieler psychischen Gefühle sei, sich offenbar davon herleitete, dass dieses Organ durch solche häufig in veränderte Bewegung gesetzt wird, welche Bewegung man theils direct, theils indirect durch die aufgelegte Hand fühlt. So entsteht also eine Art falscher körperlicher Localisation für wirklich psychische Zustände. In Krankheitszuständen geht das noch viel weiter. Ich entsinne mich, als junger Arzt einen melancholischen Schuhmacher gesehen zu haben, welcher zu fühlen glaubte, dass sein Gewissen sich zwischen Herz und Magen gedrängt habe.

Andererseits giebt es doch eine Reihe körperlicher Empfindungen, wie Hunger, Durst, Uebersättigung, neuralgische und entzündliche Schmerzen, die wir, wenn auch unbestimmt, als körperliche localisiren und nicht für psychisch halten, obgleich sie durch Bewegungen des Körpers kaum verändert werden. Die meisten entzündlichen und rheumatischen Schmerzen freilich werden durch Druck auf die Theile oder durch Bewegung der Theile, in denen sie ihren Sitz haben, erheblich gesteigert. Sie sind aber auch im gegentheiligen Falle, ebenso wie die neuralgischen Schmerzen wohl nur als höhere Intensitäten normal vorkommender Druck- und Spannungsgefühle der betreffenden Theile anzusehen. Die Art der Localisation giebt dabei häufig eine Hindeutung auf die Veranlassungen, bei denen wir etwas über den Ort der Empfindung erfahren haben. So werden fast alle Empfindungen der Baucheingeweide an bestimmte Stellen der vordern Bauchwand verlegt, selbst für solche Organe, die, wie das Duodenum, Pancreas, Milz u. s. w., der hinteren Wand des Rumpfes näher liegen. Aber Druck von aussen kann alle diese Organe fast nur durch die nachgiebige vordere Bauchwand, nicht durch die dicken Muskelschichten zwischen Rippen, Wirbelsäule und Hüftbein treffen. Ferner ist sehr merkwürdig, dass bei Zahnschmerzen von Beinhautentzündung eines Zahns die Patienten im Anfang gewöhnlich unsicher sind, ob von einem Paar übereinander stehender Zähne der obere oder untere leidet. Man muss erst kräftig auf die beiden Zähne drücken, um zu finden, welcher die Schmerzen macht. Sollte dies nicht davon herrühren, dass Druck auf die Beinhaut der Zahnwurzel im normalen Zustande nur beim Kauen vorzukommen pflegt, und dabei immer beide Zähne jedes Paars gleichzeitig gleich starken Druck erleiden?

Gefühl der Uebersättigung ist Empfindung von Fülle des Magens, welches durch Druck auf die Herzgrube deutlich gesteigert wird, während das Gefühl des Hungers durch denselben Druck sich einigermassen vermindert. Dadurch kann deren Localisation in der Herzgrube veranlasst sein. Uebrigens wenn wir annehmen, dass den an denselben Stellen des Körpers endigenden Nerven die gleichen Localzeichen zukommen, würde die deutliche Localisation einer Empfindung eines solchen Organs auch für die anderen Empfindungen desselben genügen.

Dies gilt auch wohl für den Durst, insoweit derselbe Empfindung von Trockenheit des Schlundes ist. Das damit verbundene allgemeinere Gefühl von Wassermangel des Körpers, welches durch Benetzen des Mundes und Halses nicht beseitigt wird, ist dagegen nicht bestimmt localisirt.

Das in seiner Qualität eigenthümliche Gefühl des Athmungsbedürfnisses, der sogenannte Lufthunger, wird durch Athmungsbewegungen gemindert, und danach localisirt. Doch scheiden sich nur unvollkommen die Empfindungen für Athmungshemmnisse der Lungen und für Circulationshemmnisse, falls letztere nicht mit fühlbaren Aenderungen des Herzschlages verbunden sind. Vielleicht ist diese Scheidung nur deshalb so unvollkommen, weil Störungen der Athmung auch in der Regel gesteigerte Herzaction hervorrufen, und gestörte Herzaction die Befriedigung des Athmungbedürfnisses erschwert.

Zu beachten ist übrigens, dass wir von der Form und den Bewegungen so ausserordentlich fein empfindlicher und dabei sicher und geschickt bewegter Theile, wie es unser Gaumensegel, Kehldeckel und Kehlkopf sind, ohne anatomische und physiologische Studien gar keine Vorstellung haben, da wir sie ohne optische Werkzeuge nicht sehen und sie auch nicht leicht betasten können. Ja trotz aller wissenschaftlichen Untersuchungen wissen wir noch nicht alle ihre Bewegungen mit Sicherheit zu beschreiben, z. B. nicht die bei Hervorbringung der Fistelstimme eintretenden Bewegungen des Kehlkopfs. Hätten wir angeborene Localisationskenntniss für unsere mit Tastempfindung versehenen Organe, so müssten wir eine solche doch für den Kehlkopf ebenso gut, wie für die Hände erwarten. In der That aber reicht unsere Kenntniss von der Form, Grösse, Bewegung unserer eigenen Organe nur gerade so weit, als wir diese sehen und betasten können.

Die ausserordentlich mannigfaltigen und fein auszuführenden Bewegungen des Kehlkopfs lehren uns auch noch betreffs der Beziehung zwischen dem Willensact und seiner Wirkung, dass, was wir zunächst und unmittelbar zu bewirken verstehen, nicht die Innervation eines bestimmten Nerven oder Muskels ist, auch nicht immer eine bestimmte Stellung der beweglichen Theile unseres Körpers, sondern es ist die erste beobachtbare äussere Wirkung. So weit wir durch Auge und Hand die Stellung der Körpertheile ermitteln können, ist diese die erste beobachtbare Wirkung, auf die sich die bewusste Absicht im Willensact bezieht. Wo wir das nicht können, wie beim Kehlkopf und den hinteren Mundtheilen, sind die verschiedenen Modificationen der Stimme, des Athmens, Schlingens u. s. w. diese nächsten Wirkungen.

Die Bewegungen des Kehlkopfs, obgleich hervorgerufen durch Innervationen, die den zur Bewegung der Glieder gebrauchten vollkommen gleichartig sind, kommen also bei der Beobachtung von Raumveränderungen nicht in Betracht. Ob aber der sehr deutliche und mannigfaltige Ausdruck von Bewegung, den die Musik hervorbringt, nicht vielleicht darauf zurückzuführen ist, dass die Aenderung der Tonhöhe im Gesang durch Muskelinnervation hervorgebracht wird, also durch dieselbe Art der inneren Thätigkeit, wie die Bewegung der Glieder, wäre noch zu fragen.

Auch für die Bewegungen der Augen besteht ein ähnliches Verhältniss. Wir wissen alle sehr wohl den Blick auf eine bestimmte Stelle des Gesichtsfeldes hinzurichten, d. h. zu bewirken, dass deren Bild auf die centrale Grube der Netzhaut fällt. Ungebildete Personen aber wissen nicht, wie sie die Augen dabei bewegen, und wissen nicht immer der Aufforderung eines Augenarztes, dass sie die Augen etwa nach rechts drehen sollen, wenn dies in dieser Form ausgesprochen wird, Folge zu leisten. Ja selbst Gebildete wissen zwar einen nahe vor der Nase gehaltenen Gegenstand anzusehen, wobei sie nach innen schielen; aber der Aufforderung nach innen zu schielen, ohne dass ein entsprechendes Object da wäre, wissen sie nicht Folge zu leisten.

Beilage II.
Der Raum kann transcendental sein, ohne dass es die Axiome sind.
Zu Seite 23.

Fast von allen philosophischen Gegnern der metamathematischen Untersuchungen sind beide Behauptungen als identisch behandelt worden, was sie keineswegs sind. Das hat Herr Benno Erdmann*) schon ganz klar in der den Philosophen geläufigen Ausdrucksweise auseinandergesetzt. Ich selbst habe es betont in einer gegen die Einwürfe von Herrn Land in Leyden gerichteten Antwort.**) Obgleich der Verfasser der neusten Gegenschrift, Herr Albrecht Krause***) beide Abhandlungen citirt, sind doch auch bei ihm wieder von 7 Abschnitten die ersten 5 zur Vertheidigung der transcendentalen Natur der Anschauungsform des Raumes bestimmt, und nur 2 behandeln die Axiome. Der Verfasser ist allerdings nicht blos Kantianer, sondern Anhänger der extremsten nativistischen Theorien in der physiologischen Optik und betrachtet den ganzen Inhalt dieser Theorie als eingeschlossen in Kant's System der Erkenntnisstheorie, wozu doch nicht die geringste Berechtigung vorläge, selbst wenn Kant's individuelle Meinung, dem unentwickelten Zustande der physiologischen Optik seiner Zeit entsprechend, ungefähr so gewesen sein sollte. Die Frage, ob die Anschauung mehr oder weniger weit in begriffliche Bildungen

---

*) Die Axiome der Geometrie. Leipzig 1877. Kapitel III.
**) Mind, a Quarterly Review. Williams and Norgate, No. X. April 1878 p. 213.
***) „Kant und Helmholtz" von A. Krause. Lahr 1878.

aufzulösen sei, war damals noch nicht aufgeworfen worden. Uebrigens schreibt Herr Krause mir Vorstellungen über Localzeichen, Sinnengedächtniss, Einfluss der Netzhautgrösse u. s. w. zu, die ich nie gehabt und nie vorgetragen habe, oder die zu widerlegen ich mich ausdrücklich bemüht habe. Unter Sinnengedächtniss habe ich stets nur das Gedächtniss für unmittelbare sinnliche Eindrücke, die nicht in Wortfassung gebracht sind, bezeichnet, aber würde gegen die Behauptung, dieses Sinnengedächtniss habe seinen Sitz in den peripherischen Sinnesorganen, stets lebhaft protestirt haben. Ich habe Versuche ausgeführt und beschrieben zu dem Zwecke, um zu zeigen, dass wir selbst mit gefälschten Netzhautbildern, z. B. durch Linsen, durch convergirende, divergirende oder seitlich ablenkende Prismen sehend, schnell die Täuschung überwinden lernen und wieder richtig sehen, und dann wird mir S. 41 von Herrn Krause untergeschoben, ein Kind müsste alles kleiner sehen, als ein Erwachsener, weil sein Auge kleiner ist. Vielleicht überzeugt der vorstehende Vortrag den genannten Autor, dass er den Sinn meiner empiristischen Theorie der Wahrnehmung bisher gänzlich missverstanden hat.

Was Herr Krause in den Abschnitten über die Axiome einwendet, ist zum Theil in dem vorstehenden Vortrage erledigt, z. B. die Gründe, warum die anschauliche Vorstellung eines bisher noch nie beobachteten Objects schwer sein könne. Dann folgt mit Bezug auf meine in den „Populären wissenschaftlichen Vorträgen" zur Veranschaulichung des Verhältnisses der verschiedenen Geometrien gemachten Annahme flächenhafter Wesen, die auf einer Ebene oder Kugel leben, eine Auseinandersetzung, dass auf der Kugel zwar zwei oder viele „geradeste"*) Linien zwischen zwei Punkten existiren könnten, das Axiom des Euclides aber von der einen „geraden" Linie spräche. Für die Flächenwesen auf der Kugel aber hat die gerade Verbindungslinie zwischen zwei Punkten der Kugelfläche, nach den gemachten Annahmen gar keine reale Existenz in ihrer Welt. Die „geradeste" Linie ihrer Welt wäre eben für sie, was für uns die „gerade" ist. Herr Krause macht zwar den Versuch die

---

*) So hatte ich die kürzesten, oder geodätischen Linien benannt.

gerade Linie als die Linie von nur einer Richtung zu definiren. Wie soll man aber „Richtung" definiren; doch wieder nur durch die gerade Linie. Hier bewegen wir uns in einem Circulus vitiosus. Richtung ist sogar der speciellere Begriff, denn in jeder geraden Linie giebt es zwei entgegengesetzte Richtungen.

Dann folgt eine Auseinandersetzung, dass wenn die Axiome Erfahrungssätze wären, wir von ihrer Richtigkeit nicht absolut überzeugt sein könnten, was wir doch wären. Darum dreht sich ja aber eben der Streit. Herr Krause ist überzeugt, wir würden Messungen, die gegen die Richtigkeit der Axiome sprächen, nicht glauben. Darin mag er wohl in Bezug auf eine grosse Anzahl von Menschen Recht haben, die einem auf alte Autorität gestützten Satze, der mit allen ihren übrigen Kenntnissen eng verwoben ist, lieber trauen als ihrem eigenen Nachdenken. Bei einem Philosophen sollte es doch anders sein. Die Menschen haben sich auch gegen die Kugelgestalt der Erde, gegen deren Bewegung, gegen die Existenz von Meteorsteinen lange genug höchst ungläubig verhalten. Uebrigens ist an seiner Behauptung richtig, dass es sich empfiehlt in der Prüfung der Beweisgründe gegen Sätze von alter Autorität um so strenger zu sein, je länger dieselben sich bisher in der Erfahrung vieler Generationen als thatsächlich richtig erwiesen haben. Schliesslich aber müssen doch die Thatsachen und nicht die vorgefassten Meinungen oder Kant's Autorität entscheiden. Ferner ist richtig, dass, wenn die Axiome Naturgesetze sind, sie natürlich Theil an der nur approximativen Erweisbarkeit aller Naturgesetze durch Induction Theil haben. Aber der Wunsch exacte Gesetze kennen zu wollen, ist noch kein Beweis dafür, dass es solche giebt. Sonderbar aber ist es, dass Herr A. Krause, der die Ergebnisse wissenschaftlicher Messung wegen ihrer begrenzten Genauigkeit verwirft, für die transcendentale Anschauung sich mit den Schätzungen durch das Augenmaass beruhigt (S. 62), um zu erweisen, dass wir gar keiner Messungen bedürften, um uns von der Richtigkeit der Axiome zu überzeugen. Das heisst doch Freund und Feind mit verschiedenem Maasse messen! Als ob nicht jeder Zirkel aus dem schlechtesten Reisszeuge Genaueres leistete als das beste Augenmaass, selbst abgesehen von der Frage, die sich mein Gegner gar nicht stellt, ob das letztere angeboren und a priori gegeben oder nicht auch erworben sei.

Grossen Anstoss hat der Ausdruck **Krümmungsmaass** in seiner Anwendung auf den Raum von drei Dimensionen bei philosophischen Schriftstellern erregt.*) Nun bezeichnet der Namen eine gewisse von Riemann definirte Grösse, welche für Flächen berechnet, zusammenfällt mit dem, was Gauss Krümmungsmaass der Flächen genannt hat. Diesen Namen haben die Geometer als kurze Bezeichnung für den allgemeineren Fall von mehr als zwei Dimensionen beibehalten. Der Streit bewegt sich hier nur um den Namen, und um nichts als den Namen für einen übrigens wohl definirten Grössenbegriff.

*) Z. B. bei A. Krause l. c. S. 84.

Beilage III.
Die Anwendbarkeit der Axiome auf die physische Welt.
Zu Seite 28..

Ich will hier die Folgerungen entwickeln, zu denen wir gedrängt würden, wenn Kant's Hypothese von dem transcendentalen Ursprunge der geometrischen Axiome richtig wäre und erörtern, welchen Werth alsdann diese unmittelbare Kenntniss der Axiome für unsere Beurtheilung der Verhältnisse der objectiven Welt haben würde.*)

§. 1.

Ich werde in diesem ersten Abschnitte zunächst in der realistischen Hypothese stehen bleiben und deren Sprache reden, also annehmen, dass die Dinge, welche wir objectiv wahrnehmen, reell bestehen und auf unsere Sinne wirken. Ich thue dies zunächst nur, um die einfache und verständliche Sprache des gewöhnlichen Lebens und der Naturwissenschaft reden zu können, und dadurch den Sinn dessen, was ich meine, zunächst möglichst verständlich auszudrücken. Ich behalte mir vor im folgenden Paragraphen die realistische Hypothese fallen zu

---

*) Also, um neue Missverständnisse zu verhüten, wie sie bei Herrn A. Krause l. c. S. 84 vorkommen: nicht ich bin es, „der einen transcendentalen Raum mit ihm eigenen Gesetzen kennt", sondern ich suche hier die Consequenzen aus der von mir für unerwiesen und unrichtig betrachteten Hypothese Kant's zu ziehen, wonach die Axiome durch transcendentale Anschauung gegebene Sätze sein sollen, um nachzuweisen, dass eine auf solcher Anschauung beruhende Geometrie gänzlich unnütz für objective Erkenntniss sein würde.

lassen und die entsprechende Auseinandersetzung in abstracter Sprache und ohne jede besondere Voraussetzung über die Natur des Realen zu wiederholen.

Zunächst müssen wir von derjenigen Gleichheit oder Congruenz der Raumgrössen, wie sie der gemachten Annahme nach aus transcendentaler Anschauung fliessen könnte, diejenige Gleichwerthigkeit derselben unterscheiden, welche durch Messung mit physischen Hilfsmitteln zu constatiren ist.

Physisch gleichwerthig nenne ich Raumgrössen, in denen unter gleichen Bedingungen und in gleichen Zeitabschnitten die gleichen physikalischen Vorgänge bestehen und ablaufen können. Der unter geeigneten Vorsichtsmassregeln am häufigsten zur Bestimmung physisch gleichwerthiger Raumgrössen gebrauchte Process ist die Uebertragung starrer Körper, wie der Zirkel und Maasstäbe, von einem Orte zum andern. Uebrigens ist es ein ganz allgemeines Ergebniss aller unserer Erfahrungen, dass wenn die Gleichwerthigkeit zweier Raumgrössen durch irgend welche dazu ausreichende Methode physikalischer Messung erwiesen worden ist, dieselben sich auch allen andern bekannten physikalischen Vorgängen gegenüber als gleichwerthig erweisen. Physikalische Gleichwerthigkeit ist also eine vollkommen bestimmte eindeutige objective Eigenschaft der Raumgrössen, und offenbar hindert uns nichts durch Versuche und Beobachtungen zu ermitteln, wie physikalische Gleichwerthigkeit eines bestimmten Paares von Raumgrössen abhängt von der physikalischen Gleichwerthigkeit anderer Paare solcher Grössen. Dies würde uns eine Art von Geometrie geben, die ich einmal für den Zweck unserer gegenwärtigen Untersuchung physische Geometrie nennen will, um sie zu unterscheiden von der Geometrie, die auf die hypothetisch angenommene transcendentale Anschauung des Raumes gegründet wäre. Eine solche rein und absichtlich durchgeführte physische Geometrie würde offenbar möglich sein und vollständig den Charakter einer Naturwissenschaft haben.

Schon deren erste Schritte würden uns auf Sätze führen, welche den Axiomen entsprächen, wenn nur statt der transcendentalen Gleichheit der Raumgrössen ihre physische Gleichwerthigkeit gesetzt wird.

Sobald wir nämlich eine passende Methode gefunden hätten um zu bestimmen, ob die Entfernungen je zweier Punctpaare einander gleich (d. h. physisch gleichwerthig) sind, würden wir auch den besonderen Fall unterscheiden können, wo drei Puncte a, b, c so liegen, dass ausser b kein zweiter Punct zu finden ist, der dieselben Entfernungen von a und c hätte, wie b. Wir sagen in diesem Falle, dass die drei Puncte in gerader Linie liegen.

Wir würden dann im Stande sein drei Puncte A, B, C zu suchen, die alle drei gleiche Entfernung von einander haben, also die Ecken eines gleichseitigen Dreiecks darstellen. Dann könnten wir zwei neue Punkte suchen b und c, beide gleich weit von A entfernt, und b mit A und B, c mit A und C in gerader Linie liegend. Alsdann entstände die Frage: Ist das neue Dreieck Abc auch gleichseitig, wie ABC; ist also $bc = Ab = Ac$? Die Euklidische Geometrie antwortet ja; die sphärische behauptet: $bc > Ab$, wenn $Ab < AB$; und die pseudosphärische: $bc < Ab$ unter derselben Bedingung. Schon hier kämen die Axiome zur thatsächlichen Entscheidung. Ich habe dieses einfache Beispiel gewählt, weil wir dabei nur mit der Messung von Gleichheit oder Ungleichheit der Entfernungen von Puncten, beziehlich mit der Bestimmtheit oder Unbestimmtheit der Lage gewisser Puncte zu thun haben, und weil gar keine zusammengesetzteren Raumgrössen, gerade Linien oder Ebenen construirt zu werden brauchen. Das Beispiel zeigt, dass diese physische Geometrie ihre die Stelle der Axiome einnehmenden Sätze haben würde.

So weit ich sehe, kann es auch für den Anhänger der Kant'schen Theorie nicht zweifelhaft sein, dass es möglich wäre in der beschriebenen Weise eine rein erfahrungsmässige Geometrie zu gründen, wenn wir noch keine hätten. In dieser würden wir es nur mit beobachtbaren empirischen Thatsachen und deren Gesetzen zu thun haben. Die Wissenschaft, die auf solche Weise gewonnen würde, würde nur insofern eine von der besonderen Beschaffenheit der im Raum enthaltenen physischen Körper unabhängige Raumlehre sein, als die Voraussetzung zuträfe, dass physische Gleichwerthigkeit immer für alle möglichen Arten physischer Vorgänge gleichzeitig eintritt.

Aber Kant's Anhänger behaupten, dass es neben einer solchen physischen auch eine reine Geometrie gebe, die allein auf transcendentale Anschauung gegründet sei, und dass diese in der That diejenige Geometrie sei, die bisher wissenschaftlich entwickelt wurde. Bei dieser hätten wir es gar nicht mit physischen Körpern und deren Verhalten bei Bewegungen zu thun, sondern wir könnten, ohne durch Erfahrung von solchen irgend etwas zu wissen, durch innere Anschauung uns Vorstellungen bilden von absolut unveränderlichen und unbeweglichen Raumgrössen, Körpern, Flächen, Linien, die, ohne dass sie jemals durch Bewegung, welche nur physischen Körpern zukommt, zur Deckung gebracht würden, doch im Verhältniss der Gleichheit und Congruenz zu einander ständen.*)

Ich erlaube mir hervorzuheben, dass diese innere Anschauung von Geradheit der Linien, Gleichheit von Entfernungen und von Winkeln absolute Genauigkeit haben müsste; sonst würden wir durchaus nicht berechtigt sein darüber zu entscheiden, ob zwei gerade Linien, unendlich verlängert, sich nur einmal, oder auch vielleicht wie grösste Kreise auf der Kugel zweimal schneiden, oder zu behaupten, dass jede gerade Linie, welche eine von zwei Parallellinien, mit denen sie in derselben Ebene liegt, schneidet, auch die andere schneiden müsse. Man muss nicht das so unvollkommene Augenmaass für diese, absolute Genauigkeit fordernde, transcendentale Anschauung unterschieben wollen.

Gesetzten Falls, wir hätten nun eine solche transcendentale Anschauung von Raumgebilden, ihrer Gleichheit und ihrer Congruenz, und könnten uns durch wirklich genügende Gründe überzeugen, dass wir sie haben: so würde sich allerdings daraus ein System der Geometrie herleiten lassen, welches unabhängig von allen Eigenschaften der physischen Körper wäre, eine reine, transcendentale Geometrie. Auch diese Geometrie würde ihre Axiome haben. Es ist aber klar, auch nach Kant'schen Principien, dass die Sätze dieser hypothetischen reinen Geometrie nicht nothwendig mit denen der physischen übereinzustimmen brauchten. Denn die eine redet von Gleichheit der Raum-

---

*) Land in Mind. V. pag. 41. — A. Krause, l. c. S. 62.

grössen in innerer Anschauung, die andere von physischer Gleichwerthigkeit. Diese letztere hängt offenbar ab von empirischen Eigenschaften der Naturkörper, und nicht blos von der Organisation unseres Geistes.

Dann wäre also zu untersuchen, ob die beiden besprochenen Arten der Gleichheit ausnahmslos immer zusammenfallen. Durch Erfahrung ist darüber nicht zu entscheiden. Hat es einen Sinn zu fragen, ob zwei Paare Zirkelspitzen nach transcendentaler Anschauung gleiche oder ungleiche Längen umfassen? Ich weiss damit keinen Sinn zu verbinden und soweit ich die neueren Anhänger Kant's verstanden habe, glaube ich annehmen zu dürfen, dass auch sie mit Nein antworten würden. Das Augenmaass würde, wie schon gesagt, hierbei ein gänzlich unzureichendes Entscheidungsmittel sein.

Könnte nun etwa aus Sätzen der reinen Geometrie gefolgert werden, dass die Entfernungen der beiden Zirkelspitzenpaare gleich gross seien? Dazu müssten geometrische Beziehungen zwischen diesen Entfernungen und anderen Raumgrössen bekannt sein, von welchen letztern man direct wissen müsste, dass sie im Sinne der transcendentalen Anschauung gleich seien. Da man dies nun direct nie wissen kann, so kann man es auch durch geometrische Schlüsse niemals folgern.

Wenn der Satz, dass beide Arten räumlicher Gleichheit identisch sind, nicht durch Erfahrung gefunden werden kann, so müsste er ein metaphysischer Satz sein und einer Denknothwendigkeit entsprechen. Dann würde eine solche aber nicht nur die Form empirischer Erkenntnisse, sondern auch ihren Inhalt bestimmen, — wie zum Beispiel bei der oben angeführten Construction zweier gleichseitiger Dreiecke, — eine Folgerung, welche Kant's Principien geradezu widersprechen würde. Dann würde das reine Anschauen und Denken mehr leisten, als Kant zuzugeben geneigt ist.

Gesetzten Falls endlich, dass die physische Geometrie eine Reihe allgemeiner Erfahrungssätze gefunden hätte, die mit den Axiomen der reinen Geometrie gleichlautend wären: so würde daraus höchstens folgen, dass die Uebereinstimmung zwischen physischer Gleichwerthigkeit der Raumgrössen und ihrer Gleichheit in reiner Raumanschauung eine zulässige Hypothese sei, die in keinen Widerspruch führt. Sie würde aber nicht die einzig mögliche Hypothese sein. Der physische Raum und der Raum der Anschauung könnten sich zu einander auch verhalten, wie der wirkliche Raum zu seinem Abbild in einem Convexspiegel.*)

Dass die physische Geometrie und die transcendentale nicht nothwendig übereinzustimmen brauchen, geht daraus hervor, dass wir sie uns thatsächlich als nicht übereinstimmend vorstellen können.

Die Art, wie eine solche Incongruenz zur Erscheinung kommen würde, ergiebt sich schon aus dem, was ich in meinem früheren Aufsatze**) auseinandergesetzt habe. Nehmen wir an, dass die physikalischen Messungen einem pseudosphärischen Raume entsprächen. Der sinnliche Eindruck von einem solchen bei Ruhe des Beobachters und der beobachteten Objecte würde derselbe sein, als wenn wir Beltrami's kugeliges Modell im Euklidischen Raume vor uns hätten, wobei der Beobachter sich im Mittelpunct befände. So wie aber der Beobachter seinen Platz wechselte, würde das Centrum der Projectionskugel mit dem Beobachter wandern müssen und die ganze Projection sich verschieben. Für einen Beobachter, dessen Raumanschauungen und Schätzungen von Raumgrössen entweder aus transcendentaler Anschauung oder als Resultat der bisherigen Erfahrung im Sinne der Euklidischen Geometrie gebildet wären, würde also der Eindruck entstehen, dass, so wie er selbst sich bewegt, auch alle von ihm gesehenen Objecte sich in einer bestimmten Weise verschieben und nach verschiedenen Richtungen verschieden sich dehnen und zusammenziehen. In ähnlicher Weise, nur nach quantitativ abweichenden Verhältnissen sehen wir auch in unserer objectiven Welt die perspectivische relative Lage und die scheinbare Grösse der Objecte von verschiedener Entfernung wechseln, so wie der Beobachter sich bewegt. Wie wir nun thatsächlich im Stande sind aus diesen wechselnden Gesichtsbildern zu erkennen, dass die Objecte rings um uns ihre relative gegenseitige Lage und Grösse nicht verändern, so lange die

---

*) S. meine Populären Vorträge Heft III.
**) Populäre Vorträge Heft III.

perspectivischen Verschiebungen genau dem in der bisherigen Erfahrung bewährten Gesetze entsprechen, welchem sie bei ruhenden Objecten unterworfen sind, wie wir dagegen bei jeder Abweichung von diesem Gesetze auf Bewegung der Objecte schliessen: so würde, wie ich selbst, als Anhänger der empiristischen Theorie der Wahrnehmung, glaube voraussetzen zu dürfen, auch Jemand, der aus dem Euklidischen Raume in den pseudosphärischen überträte, anfangs zwar Scheinbewegungen der Objecte zu sehen glauben, aber sehr bald lernen seine Schätzung der Raumverhältnisse den neuen Bedingungen anzupassen.

Dies Letztere ist aber eine Voraussetzung, die nur nach der Analogie dessen, was wir sonst von den Sinneswahrnehmungen wissen, gebildet ist, und durch den Versuch nicht geprüft werden kann. Nehmen wir also an, die Beurtheilung der Raumverhältnisse bei einem solchen Beobachter könnte nicht mehr geändert werden, weil sie mit angeborenen Formen der Raumanschauung zusammenhinge: so würde derselbe doch schnell ermitteln, dass die Bewegungen, die er zu sehen glaubt, nur Scheinbewegungen sind, da sie immer wieder zurückgehen, wenn er selbst sich auf seinen ersten Standpunct zurückbegiebt; oder ein zweiter Beobachter würde constatiren können, dass Alles in Ruhe bleibt, während der erste den Ort wechselt. Wenn also vielleicht auch nicht vor der unreflectirten Anschauung, würde doch bald vor der wissenschaftlichen Untersuchung sich herausstellen können, welches die physikalisch constanten Raumverhältnisse sind, etwa so wie wir selbst durch wissenschaftliche Untersuchungen wissen, dass die Sonne feststeht und die Erde rotirt, trotzdem der sinnliche Schein fortbesteht, dass die Erde stillsteht und die Sonne in 24 Stunden einmal um sie herumläuft.

Dann aber würde diese ganze vorausgesetzte transcendentale Anschauung a priori in den Rang einer Sinnestäuschung, eines objectiv falschen Scheines herabgesetzt werden, von der wir uns zu befreien und die wir zu vergessen suchen müssten, wie es bei der scheinbaren Bewegung der Sonne der Fall ist. Es würde dann ein Widerspruch sein zwischen dem, was nach der angeborenen Anschauung als räumlich gleichwerthig erscheint, und dem, was in den objectiven Phänomenen sich als solches erweist. Unser ganzes wissenschaftliches und praktisches Interesse würde an das letztere geknüpft sein. Die transcendentale Anschauungsform würde die physikalisch gleichwerthigen Raumverhältnisse nur so darstellen, wie eine ebene Landkarte die Oberfläche der Erde, sehr kleine Stücke und Streifen richtig, grössere dagegen nothwendig falsch. Es würde sich dann nicht blos um die Erscheinungsweise handeln, die ja nothwendig eine Modification des darzustellenden Inhalts bedingt, sondern darum, dass die Beziehungen zwischen Erscheinung und Inhalt, die für engere Grenzen Uebereinstimmung zwischen beiden herstellen, auf weitere Grenzen ausgedehnt einen falschen Schein geben würden.

Die Folgerung, welche ich aus diesen Betrachtungen ziehe, ist diese: Wenn es wirklich eine uns angeborene und unvertilgbare Anschauungsform des Raumes mit Einschluss der Axiome gäbe, so würden wir zu ihrer objectiven wissenschaftlichen Anwendung auf die Erfahrungswelt erst berechtigt sein, wenn durch Beobachtung und Versuch constatirt wäre, dass die nach der vorausgesetzten transcendentalen Anschauung gleichwerthigen Raumtheile auch physikalisch gleichwerthig seien. Diese Bedingung trifft zusammen mit Riemann's Forderung, dass das Krümmungsmaass des Raumes, in dem wir leben, empirisch durch Messung bestimmt werden müsse.

Die bisher ausgeführten Messungen dieser Art haben keine merkliche Abweichung des Werthes dieses Krümmungsmaasses von Null ergeben. Als thatsächlich richtig innerhalb der bis jetzt erreichten Grenzen der Genauigkeit des Messens können wir die Euklidische Geometrie also allerdings ansehen.

§. 2.

Die Erörterungen des ersten Paragraphen blieben ganz im Gebiete des Objectiven und des realistischen Standpuncts des Naturforschers, wobei die begriffliche Fassung der Naturgesetze der Endzweck ist und die Kenntniss durch Anschauung nur eine erleichternde Hilfe, beziehlich ein zu beseitigender falscher Schein.

Herr Professor Land glaubt nun, dass ich bei meinen Auseinandersetzungen die Begriffe des Objectiven und des Realen verwechselt hätte, dass bei meiner Behauptung, die geometrischen Sätze könnten an der Erfahrung geprüft und durch sie bestätigt werden, unbegründeter Weise vorausgesetzt sei (Mind. V. pag. 46) „that empirical knowledge is acquired by simple importation or by counterfeit, and not by peculiar operations of the mind, sollicited by varied impulses from an unknown reality." Wenn Herr Prof. Land meine Arbeiten über Sinnesempfindungen gekannt hätte, würde er gewusst haben, dass ich selbst mein Leben lang gegen eine solche Voraussetzung, wie er mir unterschiebt, gekämpft habe. Ich habe von dem Unterschiede des Objectiven und Realen in meinem Aufsatze nicht gesprochen, weil mir in der vorliegenden Untersuchung gar kein Gewicht auf diesen Unterschied zu fallen schien. Um diese meine Meinung zu begründen, wollen wir jetzt, was in der realistischen Ansicht hypothetisch ist, fallen lassen und nachweisen, dass die bisher aufgestellten Sätze und Beweise auch dann noch einen vollkommen richtigen Sinn haben, dass man auch dann noch nach der physischen Gleichwerthigkeit von Raumgrössen zu fragen und darüber durch Erfahrung zu entscheiden berechtigt ist.

Die einzige Voraussetzung, welche wir festhalten, ist die des Causalgesetzes, dass nämlich die mit dem Charakter der Wahrnehmung in uns zu Stande kommenden Vorstellungen nach festen Gesetzen zu Stande kommen, so dass wenn verschiedene Wahrnehmungen sich uns aufdrängen, wir berechtigt sind, daraus auf Verschiedenheit der realen Bedingungen zu schliessen, unter denen sie sich gebildet haben. Uebrigens wissen wir über diese Bedingungen selbst, über das eigentlich Reale, was den Erscheinungen zu Grunde liegt, nichts; alle Meinungen, die wir sonst darüber hegen mögen, sind nur als mehr oder minder wahrscheinliche Hypothesen zu betrachten. Die vorangestellte Voraussetzung dagegen ist das Grundgesetz unseres Denkens; wenn wir sie aufgeben wollten, so würden wir damit überhaupt darauf Verzicht leisten, diese Verhältnisse denkend begreifen zu können.

Ich hebe hervor, dass über die Natur der Bedingungen, unter denen Vorstellungen entstehen, hier gar keine Voraussetzungen gemacht werden sollen. Ebenso gut, wie die realistische Ansicht, deren Sprache wir bisher gebraucht haben, wäre zulässig die Hypothese des subjectiven Idealismus. Wir könnten annehmen, dass all unser Wahrnehmen nur ein Traum sei, wenn auch ein in sich höchst consequenter Traum, in dem sich Vorstellung aus Vorstellung nach festen Gesetzen entwickelte. In diesem Falle würde der Grund, dass eine neue scheinbare Wahrnehmung eintritt, nur darin zu suchen sein, dass in der Seele des Träumers die Vorstellung bestimmter anderer Wahrnehmungen und etwa auch die Vorstellung von eigenen Willensimpulsen bestimmter Art vorausgegangen sind. Was wir in der realistischen Hypothese Naturgesetze nennen, würden in der idealistischen Gesetze sein, welche die Folge der mit dem Charakter der Wahrnehmung auf einander folgenden Vorstellungen regeln.

Nun finden wir als Thatsache des Bewusstseins, dass wir wahrzunehmen glauben Objecte, die sich an bestimmten Orten im Raume befinden. Dass ein Object an einem bestimmten besonderen Orte erscheint und nicht an einem anderen, wird abhängen müssen von der Art der realen Bedingungen, welche die Vorstellung hervorrufen. Wir müssen schliessen, dass andere reale Bedingungen hätten vorhanden sein müssen, um zu bewirken, dass die Wahrnehmung eines andren Orts des gleichen Objects eintrete. Es müssen also in dem Realen irgend welche Verhältnisse oder Complexe von Verhältnissen bestehen, welche bestimmen, an welchem Ort im Raume uns ein Object erscheint. Ich will diese, um sie kurz zu bezeichnen, **topogene Momente** nennen. Von ihrer Natur wissen wir nichts, wir wissen nur, dass das Zustandekommen räumlich verschiedener Wahrnehmungen eine Verschiedenheit der topogenen Momente voraussetzt.

Daneben muss es im Gebiete des Realen andere Ursachen geben, welche bewirken, dass wir zu verschiedener Zeit am gleichen Orte verschiedene stoffliche Dinge von verschiedenen Eigenschaften wahrzunehmen glauben. Ich will mir erlauben diese mit dem Namen der **hylogenen Momente** zu bezeichnen. Ich wähle diese neuen Namen, um alle Einmischung von

Nebenbedeutungen abzuschneiden, die sich an gebräuchliche Worte knüpfen könnten.

Wenn wir nun irgend etwas wahrnehmen und behaupten, was eine gegenseitige Abhängigkeit von Raumgrössen aussagt, so ist zweifelsohne der thatsächliche Sinn einer solchen Aussage nur der, dass zwischen topogenen Momenten, deren eigentliches Wesen uns aber unbekannt bleibt, eine gewisse gesetzmässige Verbindung stattfindet, deren Art uns ebenfalls unbekannt ist. Eben deshalb sind Schopenhauer und viele Anhänger von Kant zu der unrichtigen Folgerung gekommen, dass in unsern Wahrnehmungen räumlicher Verhältnisse überhaupt kein realer Inhalt ist, dass der Raum und seine Verhältnisse nur transcendentaler Schein seien, ohne dass irgend etwas Wirkliches ihnen entspricht. Wir sind aber jedenfalls berechtigt auf unsere räumlichen Wahrnehmungen dieselben Betrachtungen anzuwenden, wie auf andere sinnliche Zeichen z. B. die Farben. Blau ist nur eine Empfindungsweise; dass wir aber zu einer gewissen Zeit in einer bestimmten Richtung Blau sehen, muss einen realen Grund haben. Sehen wir zu anderer Zeit dort Roth, so muss dieser reale Grund verändert sein.

Wenn wir beobachten, dass verschiedenartige physikalische Processe in congruenten Räumen während gleicher Zeitperioden verlaufen können, so heisst dies, dass im Gebiete des Realen gleiche Aggregate und Folgen gewisser hylogener Momente zu Stande kommen und ablaufen können in Verbindung mit gewissen verschiedenen Gruppen verschiedener topogener Momente, solcher nämlich, die uns die Wahrnehmung physisch gleichwerthiger Raumtheile geben. Und wenn uns dann die Erfahrung belehrt, dass jede Verbindung oder jede Folge hylogener Momente, die in Verbindung mit der einen Gruppe topogener Momente bestehen oder ablaufen kann, auch mit jeder physikalisch äquivalenten Gruppe anderer topogener Momente möglich ist, so ist dies jedenfalls ein Satz, der einen realen Inhalt hat, und die topogenen Momente beeinflussen also unzweifelhaft den Ablauf realer Processe.

In dem oben gegebenen Beispiel mit den zwei gleichseitigen Dreiecken handelt es sich nur 1) um Gleichheit oder Ungleichheit, d. h. physische Gleichwerthigkeit oder nicht Gleichwerthigkeit von

5

Punctabständen; 2) um Bestimmtheit oder Nicht-Bestimmtheit der topogenen Momente gewisser Puncte. Diese Begriffe von Bestimmtheit und von Gleichwerthigkeit in Beziehung auf gewisse Folgen können aber auch auf Objecte von übrigens ganz unbekanntem Wesen angewendet werden. Ich schliesse daraus, dass die Wissenschaft, welche ich physische Geometrie genannt habe, Sätze von realem Inhalt enthält, und dass ihre Axiome bestimmt werden, nicht von blossen Formen des Vorstellens, sondern von Verhältnissen der realen Welt.

Dennoch würden wir die Existenz einer Geometrie, die auf transcendentale Anschauung gegründet wäre, nicht für unmöglich erklären können, wenn wir annehmen dürften, dass Wahrnehmung der Gleichheit zweier Raumgrössen ohne physische Messung unmittelbar durch die Einwirkung der topogenen Momente auf unser Bewusstsein hervorgebracht werde, dass also gewisse Aggregate topogener Momente auch in Bezug auf eine psychische, unmittelbar wahrnehmbare Wirkung äquivalent sein könnten. Die ganze Euklidische Geometrie lässt sich herleiten aus der Formel, welche die Entfernung zweier Puncte als Function ihrer rechtwinkligen Coordinaten giebt. Nehmen wir an, dass die Intensität jener psychischen Wirkung, deren Gleichheit als Gleichheit der Entfernung zweier Puncte im Vorstellen erscheint, in derselben Weise von irgend welchen drei Functionen der topogenen Momente jedes Punctes abhängt, wie die Entfernung im Euklidischen Raume von den drei Coordinaten eines jeden, so müsste das System der reinen Geometrie eines solchen Bewusstseins die Axiome des Euklid erfüllen, wie auch übrigens die topogenen Momente der realen Welt und ihre physische Aequivalenz sich verhielten. Es ist klar, dass auch in diesem Falle die Uebereinstimmung zwischen psychischer und physischer Gleichwerthigkeit der Raumgrössen nicht allein aus der Form der Anschauung erwiesen werden könnte. Und wenn sich Uebereinstimmung herausstellen sollte, so wäre diese als ein Naturgesetz, oder, wie ich es in meinem populären Vortrage bezeichnet habe, als eine praestabilirte Harmonie zwischen der Vorstellungswelt und der realen Welt aufzufassen, ebenso gut, wie es auf Naturgesetzen beruht, dass die von einem Lichtstrahl beschriebene gerade Linie mit der von einem gespannten Faden gebildeten zusammenfällt.

Ich meine damit gezeigt zu haben, dass die Beweisführung, die ich im §. 1. in der Sprache der realistischen Hypothese gegeben habe, sich auch ohne deren Voraussetzungen giltig erweist.

Wenn wir die Geometrie auf Thatsachen der Erfahrung anwenden wollen, wo es sich immer nur um physische Gleichwerthigkeit handelt, können nur die Sätze derjenigen Wissenschaft angewendet werden, die ich als physische Geometrie bezeichnet habe. Wer die Axiome aus der Erfahrung herleitet, dem ist unsere bisherige Geometrie in der That physische Geometrie, die sich nur auf eine grosse Menge planlos gesammelter, statt auf ein System methodisch durchgeführter Erfahrungen stützt. Zu erwähnen ist übrigens, dass dies schon die Ansicht von Newton war, der in der Einleitung zu den „Principia" erklärt: „Geometrie selbst hat ihre Begründung in mechanischer Praxis und ist in der That nichts Anderes, als derjenige Theil der gesammten Mechanik, welcher die Kunst des Messens genau feststellt und begründet."*)

Dagegen ist die Annahme einer Kenntniss der Axiome aus transcendentaler Anschauung:

1) eine unerwiesene Hypothese,

2) eine unnöthige Hypothese, da sie nichts in unserer thatsächlichen Vorstellungswelt zu erklären vorgiebt, was nicht auch ohne ihre Hilfe erklärt werden könnte,

3) eine für die Erklärung unserer Kenntniss der wirklichen Welt gänzlich unbrauchbare Hypothese, da die von ihr aufgestellten Sätze auf die Verhältnisse der wirklichen Welt immer erst angewendet werden dürfen, nachdem ihre objective Giltigkeit erfahrungsmässig geprüft und festgestellt worden ist.

Kant's Lehre von den a priori gegebenen Formen der Anschauung ist ein sehr glücklicher und klarer Ausdruck des

---

*) Fundatur igitur Geometria in praxi Mechanica, et nihil aliud est quam Mechanicae universalis pars illa, quae artem mensurandi accurato proponit ac demonstrat.

Sachverhältnisses; aber diese Formen müssen inhaltsleer und frei genug sein, um jeden Inhalt, der überhaupt in die betreffende Form der Wahrnehmung eintreten kann, aufzunehmen. Die Axiome der Geometrie aber beschränken die Anschauungsform des Raumes so, dass nicht mehr jeder denkbare Inhalt darin aufgenommen werden kann, wenn überhaupt Geometrie auf die wirkliche Welt anwendbar sein soll. Lassen wir sie fallen, so ist die Lehre von der Transcendentalität der Anschauungsform des Raumes ohne allen Anstoss. Hier ist Kant in seiner Kritik nicht kritisch genug gewesen; aber freilich handelte es sich dabei um Lehrsätze aus der Mathematik, und dies Stück kritischer Arbeit musste durch Mathematiker erledigt werden.

Die

Thatsachen in der Wahrnehmung.

—

Rede

gehalten zur Stiftungsfeier der Friedrich-Wilhelms-Universität
zu Berlin am 3. August 1878,

überarbeitet und mit Zusätzen versehen

von

Dr. H. Helmholtz.

Berlin, 1879.
Verlag von August Hirschwald.
N.W. Unter den Linden 68.